ŒUVRES

DE

SAINT-SIMON & D'ENFANTIN

PRÉCÉDÉES DE DEUX NOTICES HISTORIQUES

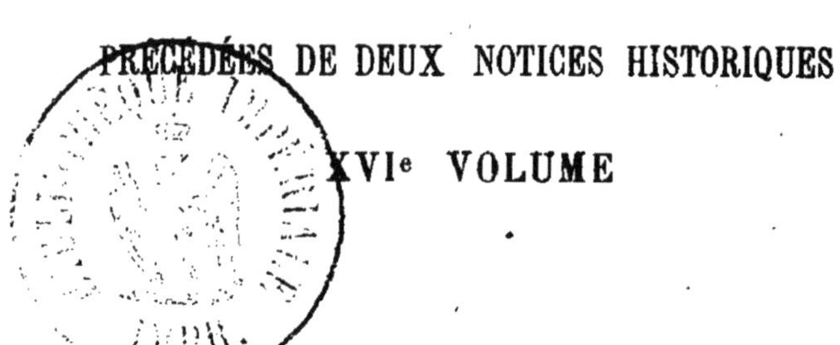

XVIe VOLUME

ŒUVRES
D'ENFANTIN

PUBLIÉES PAR LES MEMBRES DU CONSEIL

INSTITUÉ PAR ENFANTIN

POUR L'EXÉCUTION DE SES DERNIÈRES VOLONTÉS

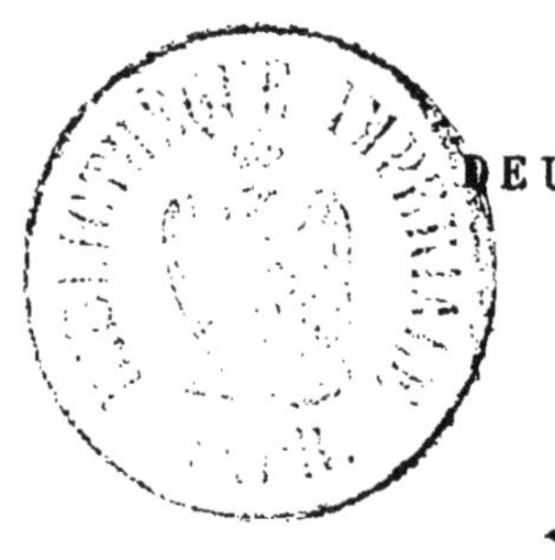

DEUXIÈME VOLUME

PARIS
E. DENTU, ÉDITEUR
LIBRAIRE DE LA SOCIÉTÉ DES GENS DE LETTRES
PALAIS-ROYAL, 17 ET 19, GALERIE D'ORLÉANS

1868

ŒUVRES D'ENFANTIN

LES ENSEIGNEMENTS

HUITIÈME ENSEIGNEMENT

MARDI 13 DÉCEMBRE 1831, RUE MONSIGNY.

Le PÈRE. — Toutes nos réunions de *famille*, excepté celle-ci, toutes nos réunions de *degrés* ont cessé. Depuis trois semaines nous nous sommes beaucoup occupés des *idées nouvelles* et nous avons donné de grands soins à notre *science passée*, mais nous avons un peu négligé les intérêts VIVANTS, PRÉSENTS de la FAMILLE.

Notre dernière réunion a été employée à des discussions, à des éclaircissements, et nous continuerons à en avoir de semblables; mais nous reprendrons très-prochainement nos *réunions géné-*

rales de FAMILLE, et dès aujourd'hui j'ai quelques événements intérieurs à vous annoncer; je vais le faire.

Vous savez que nous avons reçu de presque toutes les ÉGLISES, excepté des deux plus importantes, des lettres satisfaisantes sur l'état des cœurs et des esprits. Cependant il en est quelques-unes dans lesquelles on exprime le besoin d'attendre encore, et d'avoir de plus amples éclaircissements sur ce qui s'est passé dans l'intérieur de la FAMILLE.

Mais il en est deux, celle de TOULOUSE et celle de METZ, qui, on peut le dire, sont complétement désorganisées. Hier BOUFFARD et *Auguste Chevalier* sont partis pour TOULOUSE et s'arrêteront à MONTPELLIER et à LIMOGES. HOART ira les y rejoindre.

Ollivier et *Simon* partent aujourd'hui pour METZ. *Ollivier!* est-ce que *Petit* part avec toi? est-il décidé?

Ollivier. — Oui, PÈRE.

Le PÈRE. — Il n'est pas ici.

Ollivier. — Non, PÈRE, il est absent.

Le PÈRE. — *Ollivier*, *Simon* et *Petit* suivront dans un ordre inverse la dernière tournée que JULES avait faite; ils passeront d'abord par METZ, et reviendront par COLMAR et DIJON.

Je viens de vous dire que les ÉGLISES de TOULOUSE et de METZ étaient complétement désorganisées; celle de TOULOUSE, par exemple, se composait de *quarante-trois* personnes; quoique nous n'ayons pas eu une note exacte de celles qui se sont *retirées de la hiérarchie* (c'est ainsi qu'elles formulent elles-mêmes leur position actuelle), il est certain néanmoins que quatre seulement se sont abstenues de signer l'espèce de *protestation* par laquelle l'église de TOULOUSE a constaté sa position. Ces *quatre* personnes appartiennent au *degré préparatoire*.

Lorsque BOUFFARD et HOART arriveront à TOULOUSE ils y trouveront donc l'église de cette ville réduite à ces quatre membres; et dans les réunions de famille qu'ils provoqueront pour éclairer les dissidents, les deux PÈRES n'auront auprès d'eux que ces quatre membres restés fidèles, qui les aideront à rappeler à leur foi ceux qui, selon leur expression même, ne se sont éloignés de nous que *momentanément*.

A METZ, *Maréchal* et *Fèvre* ont tout à fait perdu le fil de nos destinées; ils ne font rien, et se sont même opposés à ce que des réunions publiques aient lieu. Aujourd'hui ils se déclarent tout à fait en dehors de la doctrine.

Ici, dans l'intérieur de la FAMILLE, ces jours-ci un fait important, très-important, s'est produit ; et quoiqu'il ne soit pas accompli, il est bon que vous en ayez régulièrement connaissance. C'est le retour de FOURNEL ; FOURNEL n'est pas encore venu directement ici ; il ne m'a pas fait, à MOI, sa profession de foi complète, mais il a adressé à OLINDE, comme à son PÈRE, une correspondance qu'il a eue avec CÉCILE, depuis quelques jours, et dans laquelle se trouve retracée, d'une manière bien vive, la douleur qu'ils ont l'un et l'autre éprouvée depuis un mois. Je vous le répète, quoique je ne doute pas de la réalisation de ce fait, il n'est pas accompli, puisqu'il faut encore que FOURNEL fasse plus positivement sa profession de foi qu'il ne l'a faite en exprimant à CÉCILE la position dans laquelle il voulait se placer relativement à nous.

Ces départs pour différentes ÉGLISES, que je viens de vous annoncer, vont nécessiter quelques changements dans ce que nous avions organisé pour le *degré des ouvriers*, et ceci m'amène à vous parler de votre position à vous tous.

Tous ceux qui sont ici ne sont pas employés dans les *associations d'ouvriers;* il en est très-peu, parmi ceux qui ne travaillent pas à cette œuvre, qui soient vraiment FONCTIONNAIRES dans la doctrine : or il y en a très-peu qui y travaillent; la plupart d'entre vous n'ont donc réellement pas un emploi satisfaisant de leur vie.

Depuis notre crise intérieure, nous n'avons pas pu et nous n'avons pas dû vous presser de vous produire au dehors pour propager des idées qui ne vous étaient pas encore familières, et pour annoncer la phase nouvelle dans laquelle nous entrons, avant d'avoir acquis une connaissance parfaite des sentiments qui doivent particulièrement s'y développer. Aujourd'hui, quoique vous ayez besoin encore de développements *dogmatiques*, et d'instruction sur la marche que nous avons à suivre, sur la CONDUITE qu'il nous faut tenir à l'égard du monde, c'est surtout par la propagation de ce que vous avez déjà reçu que vous ferez votre initiation, que vous acquerrez ce que vous ne sauriez puiser ici, la connaissance des difficultés VIVANTES qui nous attendent.

Mais pour donner promptement ce que vous avez *reçu*, chacun de vous doit prendre le plus promptement possible une FONCTION active dans l'apostolat; et pour commencer, je vais vous passer en revue afin de savoir quels sont ceux qui n'ont pas de FONCTION en ce moment.

Que tous ceux qui ne sont pas employés dans

les *associations d'ouvriers*, qui ne *prêchent* pas, n'*enseignent* pas, qui ne sont pas attachés au *Globe* ou à la *correspondance;* que tous ceux-là veuillent bien se lever pour que je fasse prendre leur nom (*une vingtaine de membres se lèvent*). Voulez-vous successivement donner vos noms? (*Les noms sont inscrits et remis au* PÈRE.) *Massol, Pasquier, Ribes, Ducros, Surbled et Franconi*, vous viendrez tous ensemble chez moi dans la soirée; j'ai besoin de vous parler.

Mardi prochain nous reprendrons les *réunions générales de la* FAMILLE.

Nous n'avons jamais parlé ici, depuis que les changements dans la hiérarchie se sont opérés, d'une question extrêmement grave, et de laquelle dépend en grande partie le développement de la doctrine. C'est la question d'*argent*.

Je ne doute pas que vous ne vous soyez rendu facilement la justice d'avoir fait tout ce qui vous était possible, pour manifester sous ce rapport votre foi; ou vous avez signé l'*acte d'association*, ou, si votre position ne le permettait pas, vous avez contribué, autant que vous le pouviez, à l'œuvre du *diaconat*; mais certainement aussi vous n'avez pas pu, dans vos rapports avec le monde, dans vos tentatives de conversion, vous n'avez pas pu encore manier ce puissant instrument de notre action avec toute la facilité, et je dirai même toute la foi convenables. C'est une chose des plus délicates que d'aborder le monde sur un pareil sujet, c'est aussi, précisément à cause des difficultés que présentent ces sortes de démarches, qu'elles permettent d'économiser beaucoup de temps; or nous n'en avons pas à perdre aujourd'hui; il faut marcher; et lorsqu'on a une aussi bonne pierre de touche pour connaître la valeur de l'homme, il faut l'employer le plus possible; avec elle il vous est facile de découvrir les hommes dignes de nos efforts, ceux qui sont capables de consacrer, dès aujourd'hui, leur vie pleine et entière à la doctrine; c'est une lance qui désarçonne du premier coup les chevaliers de faible race.

Je le sais, on peut dire qu'en effrayant ainsi les gens, on se prive d'une foule d'individus qui pourraient avoir leur valeur. Sans contredit, il y a beaucoup d'hommes, en dehors de nous, qui auront une certaine valeur pour la doctrine, et qui déjà ont même leur éducation faite ou très-avancée; et cependant ces hommes ne doivent pas aujourd'hui exciter notre attention, employer nos efforts, consommer notre temps. Les hommes qu'il nous faut sont d'une nature toute particulière; ce qui le prouve, c'est que des hommes très-capables, après avoir rendu jusqu'ici de très-grands services à la doctrine, n'ont pas pu nous suivre davantage, et viennent de s'effacer et disparaître; et beaucoup d'hommes, de natures semblables aux leurs, pourront aller aussi loin qu'eux et s'arrêter comme eux au point où ceux-ci viennent de faillir, jusqu'au moment où les FEMMES leur feront franchir le précipice devant lequel ils viennent de reculer. Ces hommes, je le répète, ne sont pas ceux qui doivent attirer nos efforts. En général, ne vous adressez pas aux hommes qui ne seraient pas très-rapidement illuminés par les dangers, les incertitudes, les difficultés de notre position actuelle; occupez-vous de ceux qui, en nous voyant aux prises avec les obstacles que nous suscite le monde, avec ceux que nous avons rencontrés dans notre sein, sentent que la vie à venir de l'humanité est avec nous, et qu'ayant la VOLONTÉ, nous finirons toujours par avoir *raison* et par avoir *puissance*. Avec d'autres, nous perdrions notre temps, d'autres que nous s'en chargeront; c'est même là un moyen de conversion que je vous recommande : pesez votre temps; montrez à ceux que vous voulez convertir, que vous comptez vos minutes, que nous n'employons pas la moindre partie de notre vie sans être sûrs que chaque instant jeté, semé dans le monde, nous rapportera une force de plus. Je vous recommande même, comme tactique apostolique, ce procédé, parce que dans l'ère *industrielle* où nous voulons entrer, nous ne devons produire aucun mouvement qui n'ait un résultat *utile*, le plus immédiat possible; il nous faut, en d'autres termes, des hommes d'*activité* et d'*exactitude*, ce sont les deux formes sous lesquelles nous devons nous-mêmes nous manifester, les deux qualités que nous devons montrer en nous.

Oui certainement la question d'*argent* est une excellente pierre de touche, et nous en avons une preuve frappante dans ce qui vient de se passer au milieu de nous; car ceux qui n'ont pas pu nous suivre et se sont éloignés, sont précisément ceux qui avaient eu le plus de peine à *comprendre* l'œuvre du *diaconat* et qui l'avaient le plus mal pratiquée.

Mais ce n'est pas seulement comme moyen de découvrir rapidement les hommes que DIEU nous destine, qu'il est bon de parler d'*argent* à ceux qui s'approchent de nous; il y a, outre cela, le grand avantage de prendre dans nos relations une haute franchise, une noble insolence apostolique. Dépouillons-nous au plus vite de l'hypocrisie que le

CHRISTIANISME, ennemi des *richesses* de la *chair*, a léguée en habitude au monde. Aujourd'hui l'on demande sans rougir l'*aumône* des *idées*, on croit honorer celui de qui on la réclame, et l'on se glorifie soi-même de savoir confesser modestement la *pauvreté* de son *esprit* et le besoin avide qu'on éprouve d'en accroître les richesses; mais il n'est pas aussi facile de parler d'*argent* entre les hommes; ici toutes les relations changent, et ce qui était noble et beau quand il s'agissait des *richesses* de l'*esprit*, devient ignoble et sale, quand il s'agit de *Satan*, quand il s'agit d'*argent*, et pourtant le PRÊTRE du CHRIST a su quêter noblement pour les *frais du culte* et pour les *pauvres*; comment donc nous, qui avons un DIEU que nous glorifions dans sa *chair* comme dans son *esprit*, ne porterions-nous pas plus noblement, plus saintement encore que le CHRÉTIEN, notre requête aux *riches* de la *terre*, pour les *frais du culte* nouveau, pour les besoins *de la classe la plus pauvre et la plus nombreuse?*

(Le PÈRE s'arrête quelques instants, puis il continue ainsi :)

Vous êtes mal placés ici, je ne peux pas vous voir, il faudrait qu'avant la *réunion générale de la* FAMILLE, nous nous réunissions à la *salle Taitbout.*

Vous le savez, je désire voir entre nous une COMMUNION très-intime; la *confiance* s'établira par l'expression que vous donnerez vous-mêmes à la PROFESSION DE VOTRE FOI, par le récit que vous vous ferez, devant moi, de ce qui EST en chacun de vous, enfin par la *confession;* et pour cela il faut que nous puissions non-seulement nous *entendre,* mais nous *voir;* nous sommes mal ici.

J'ai hâte d'atteindre ce but, parce que ce sera seulement alors que nous mériterons en toute vérité notre nom de FAMILLE. Déjà l'on a commencé dans le *degré des ouvriers;* l'un de nos fils, ici présent, a fait une PROFESSION DE FOI publique qui a produit beaucoup d'effet. Vous avez besoin de vous mieux connaître; de savoir nettement où en est votre foi POLITIQUE et RELIGIEUSE, plus encore que de savoir les détails de votre vie *individuelle;* d'ailleurs, plus nous irons, et plus se régulariseront ces PROFESSIONS DE FOI, plus aussi elles deviendront intimes; si donc je viens de citer celle qui a eu lieu au *degré des ouvriers,* ce n'est pas à cause du caractère *individuel* dont elle était revêtue, mais c'est parce qu'elle intéressait tous les ouvriers qui étaient présents à la vie de celui qui parlait. Tant que nous ne serons pas parvenus à déterminer cet intérêt de tous pour chacun, vous ne vous SENTIREZ pas; vous ne serez pas à l'aise les uns auprès des autres; vous aurez des doutes réciproques. Les explications que vous vous donnerez mutuellement sur vos sentiments feront tomber ces doutes; chacun sera connu pour ce qu'il est, on saura ce qu'il apporte à l'œuvre commune, ce qu'on doit attendre de lui. Il nous faut revêtir notre *habit* APOSTOLIQUE, dépouillons-nous donc de cette espèce de *diplomatie* à laquelle le monde condamne. Jusqu'ici, *philosophes* et *docteurs* comme nous l'étions, il vous était impossible de pénétrer assez profondément dans les CŒURS les uns des autres pour y lire le signe de votre COMMUNE DESTINÉE; vous aviez foi dans la *doctrine*, mais la foi n'existait pas entre VOUS; vous étiez certains de l'avenir de l'*humanité*, mais aucun de vous n'était sûr de l'avenir de ses FRÈRES. Aujourd'hui toute *défiance* entre vous doit cesser; il ne faut pas que nous soyons occupés à nous cramponner à droite et à gauche à nos voisins, pour être sûrs qu'ils nous suivent là où nous marchons.

(*Le* PÈRE *se concerte avec Henry pour que la prochaine séance ait lieu à la salle Taitbout;* IL *l'annonce à la* FAMILLE, *puis continue :*)

Je vois que plusieurs personnes manquent aujourd'hui; nous sommes beaucoup moins nombreux qu'à l'ordinaire; revenons donc sur la dernière séance; si quelqu'un a encore des éclaircissements à demander sur les idées nouvelles, qu'il les demande.

Baud. — PÈRE, je vous demanderai des explications sur ce que vous nous avez dit de la tendance de l'humanité vers l'*égalité* et vers l'ÉTAT SACERDOTAL; je n'ai pas bien compris votre parole.

Le PÈRE. — Nous avons dit que l'*humanité* était TRIPLE, et plus généralement que tout ce qui se manifestait dans l'ordre fini donnait lieu à la division TRINAIRE résultant du DUALISME *moi* et *non moi*, et de la RÉUNION des deux termes de ce dualisme, RÉUNION qui constitue l'EXISTENCE, l'ÊTRE, de l'un et de l'autre.

Cette forme sous laquelle l'ÊTRE homme se *rend compte* du phénomène UNIVERSEL, de sa *propre* existence, et de l'existence de *ce qui n'est pas lui*, cette forme est l'expression de la vie *limitée, finie*, de l'homme.

Le dualisme *moi* et *non moi* se traduit dans les langues MÉTAPHYSIQUE, POLITIQUE et MORALE, d'une foule de manières différentes, et se transforme sans cesse.

L'une de ces traductions est, en MÉTAPHYSIQUE, l'*identité* et la *différence*, en POLITIQUE, l'*autorité* et la *liberté*, en MORALE l'*intérêt* et le *devoir*, ou l'*égoïsme* et l'*abnégation*, la *mobilité* et la *constance*.

Les deux sentiments que représentent ces mots *autorité* et *liberté*, sont tous deux constitutifs de l'homme à l'état normal; ainsi tout homme doit aimer l'*autorité* (pour *lui* et pour *les autres*), il doit aussi aimer la *liberté* (pour *lui* et pour *les autres*); c'est encore une définition de la vie humaine; et cela veut dire simplement que chacun aime à avoir un PÈRE et à avoir un FILS.

Il semble toutefois qu'en exprimant ainsi ce double sentiment, *autorité* et *liberté*, ces deux termes se contredisent, et que l'homme qui aime à exercer l'*autorité*, ne doit pas être celui qui consent à ce qu'on jouisse de la *liberté*; et cependant j'affirme que ces deux sentiments font le bonheur de l'homme NORMAL, SOCIABLE, du PRÊTRE.

Ainsi, j'ai dit à la dernière réunion que l'homme aimait à se *rapprocher* sans cesse de son *supérieur*, et à *rapprocher* sans cesse son *inférieur* de lui, et que cependant il aimait à sentir la *différence* qui existe entre son *inférieur* et lui, et aussi celle qu'il y a entre lui et son *supérieur*. Ces deux formes du sentiment humain existent certainement dans tout homme, et selon leur *prédominance*, donnent lieu à des catégories *spéciales*, de même que par leur HARMONIE ils caractérisent le PRÊTRE; celui-ci *commande* et *obéit* également avec foi, avec amour.

L'humanité qui se développe dans toutes ses conditions radicales d'existence, doit donc développer sans cesse dans son sein ces *deux* sentiments; et lorsqu'elle aura accompli sa destinée, lorsque l'ASSOCIATION UNIVERSELLE sera réalisée, lorsque tous les *dualismes* des existences *finies* viendront se fondre dans une UNITÉ HARMONIEUSE, INDÉFINIE, lorsque la COMMUNION D'AMOUR de la *chair* et de l'*esprit* sera consommée, alors sera également accomplie la COMMUNION définitive de l'*autorité* et de la *liberté*.

Mais que serait, en ce moment SUPRÊME, l'existence de l'humanité? Je l'ignore. Cette communion divine est une *limite* que nous pouvons *concevoir*, mais qu'il ne nous est pas donné de *définir*.

Or cette CONCEPTION d'une *limite* INDÉFINIE, vers laquelle les *deux* faces de la vie *finie* tendent *sans cesse* et *partout*, dans le *temps* comme dans l'*espace*, vers laquelle elles marchent en S'HARMONISANT PROGRESSIVEMENT *entre elles*, est la *base* et la *raison* du PROGRÈS de toute existence *finie*; et comme c'est la condition d'être *limité* qui oblige l'homme à CONCEVOIR sa destinée sous un *double* aspect, pendant toute la durée de son existence d'homme, il en résulte que lorsque cette destinée *finie* sera accomplie, le *dualisme* auquel elle aura été soumise pendant toute sa durée, deviendra lui-même sans objet.

Certes il ne nous est pas donné, à nous hommes, de concevoir une expression plus large de la vie que celle qui renferme notre TRINITÉ; mais n'oublions pas qu'entre ces TROIS termes nous établissons une HIÉRARCHIE, et que le fait primordial est pour nous le SENTIMENT, le PROGRÈS, la VIE et non le DUALISME, forme secondaire, *analyse logique* de la VIE.

Lorsque j'ai parlé de la tendance définitive de l'humanité, j'ai donc nommé l'état SACERDOTAL, et non l'état *scientifique* ou l'état industriel, quoique la *science* et l'*industrie* se développent sans cesse, avec le PROGRÈS humanitaire; c'est ce qui constitue avant tout notre vie d'homme, c'est notre qualité d'être AIMANTS. Eh bien, de même, ce n'est pas le sentiment de l'*autorité* ou celui de la *liberté* qui nous marquent du caractère SOCIAL, puisque l'un n'engendre que le *despotisme* et le second l'*anarchie*; c'est encore parce que nous sommes avant tout AIMANTS que nous voulons adresser notre AMOUR, tantôt à un *supérieur* qui nous *élève*, tantôt à un *inférieur* que nous *élevons*.

Et voilà pourquoi les tendances indiquées par les LIMITES extrêmes des *deux* faces *abstraites* de la vie (telles que la tendance vers l'*égalité*), seraient plutôt des piéges que des excitants salutaires, si on les envisageait d'une manière ABSOLUE, c'est-à-dire si on se conduisait *comme si* la condition humaine les comportait actuellement; voilà pourquoi, je le répète, la passion de l'*autorité* mène au *despotisme*, et celle de la *liberté* à l'*anarchie*, tandis que l'AMOUR pour TOUS ne mène qu'à l'AMOUR UNIVERSEL, à DIEU.

C'est de cette manière que vous devez entendre ce que j'ai dit, d'une part sur la tendance vers l'ÉGALITÉ, de l'autre sur la tendance vers l'état SACERDOTAL.

Guéroult. — J'aurais à vous demander des explications sur une difficulté qui se présente à moi comme insurmontable; elle est relative à la question de la FEMME, et consiste dans le *dualisme* des natures *mobile* et *immobile*, *constante* et *inconstante*.

Je crois, pour toutes sortes de raisons *théologiques*, *expérimentales*, POETIQUES, qu'il doit exister dans l'humanité un *dualisme* sous le rapport

MORAL, comme sous tout autre rapport; et de même une TRINITÉ; mais le *dualisme* que vous nous avez indiqué ne me paraît pas correspondre directement au *dualisme* capital, *chair* et *esprit.*

Le PÈRE. —Tu as raison de dire que *mobilité* et *immobilité* ne correspondent pas *directement* au *dualisme* capital que nous avons posé dans ces termes *chair* et *esprit*, ni à celui-ci *science* et *industrie*. Ce qui correspondrait dans l'ordre MORAL à *chair* et *esprit*, ce serait amour *charnel* et amour *platonique*, et ce qui correspond au dualisme capital de la POLITIQUE, *science* et *industrie*, c'est, dans l'ordre des relations MORALES, *homme* et *femme*, ou bien encore *État* et *famille*. Aussi lorsque j'ai comparé les dualismes de différents ordres entre eux, ai-je ordinairement assimilé *constant* et *inconstant* à *unité* et *multiplicité*.

Toutefois je me hâte d'ajouter que tous ces *dualismes*, qui divisent, qui *analysent* la vie, ou une face de la vie, se correspondent, sinon sur des lignes semblables et à des rangs d'une égale valeur, au moins dans une relation que l'esprit MÉTAPHYSIQUE doit pouvoir établir. Il est vrai que les correspondances trop éloignées ne vaudraient rien pour l'*enseignement*, elles obscurciraient trop la pensée ; mais, je te le répète, *mobile* et *immobile* correspondent à *multiplicité* et *unité*.

Guéroult. — Ce n'est pas seulement une question *dogmatique*, c'est pour arriver à la question SENTIMENTALE. Je crois que ces deux termes sont négatifs l'un de l'autre, si nous les prenons d'une manière abstraite.

Le PÈRE — Comme tous les termes des dualismes, qui, *pris d'une manière abstraite*, sont contradictoires.

Guéroult. — Je conçois fort bien que le PRÊTRE puisse réunir en lui la qualité de *savant* et celle d'*industriel*, et que devant le *savant* il soit *savant* pour faire AIMER la *science*, devant l'*industriel* *industriel* pour faire AIMER l'*industrie*, parce que *science* et *industrie* ne sont pas deux termes négatifs l'un de l'autre; mais je ne conçois pas une unité VIVANTE qui comprenne et résume la *constance* et l'*inconstance*, la *mobilité* et l'*immobilité*, lesquelles s'excluent mutuellement.

Le PÈRE. — Tu sais qu'il y a des individus qui, une fois MARIÉS, ne peuvent plus avoir d'*amis;* tandis qu'il y a d'autres individus qui, en pareil cas, non-seulement *resserrent* plus que jamais leurs liens d'amitié, mais encore les *étendent*. Les uns s'*abstraient* de tout le monde extérieur, rompent tous les liens qu'ils avaient avec ce monde et se renferment entièrement dans le *foyer domestique* ; les autres forment de nouvelles liaisons et cultivent plus affectueusement les anciennes. Leur âme s'ouvre à des sentiments plus larges, leur vie est plus facile ; et les uns et les autres aiment *également* leur nouvelle famille, mais il est vrai d'une manière *différente*. Les uns seront peut-être sujets à la *jalousie*, les autres seront peut-être un peu *volages*, mais tous AIMENT très-réellement leurs conjoints.

Guéroult. — Ainsi le but final de l'humanité serait de réunir la *constance* et l'*inconstance*, comme le ferait le PRÊTRE. Cette réunion ne pourra jamais avoir lieu.

Le PÈRE. — N'oublie pas surtout que le PRÊTRE dont tu parles est un COUPLE, c'est l'HOMME ET la FEMME.

Guéroult. — Je conçois l'AMOUR comme un dévouement complet et réciproque entre deux êtres. Si l'un des deux donne son amour tout entier et ne reçoit qu'une portion de l'amour de l'autre, il y a EXPLOITATION, c'est ce que je ne peux admettre.

Le PÈRE. — Prends garde de voir l'*exploitation* partout où tu ne vois pas la PERFECTION. L'humanité est PERFECTIBLE, non PARFAITE.

Guéroult. — Enfin je ne crois pas que deux *abstractions* de même nature, et négatives l'une de l'autre, puissent marcher simultanément comme termes d'un *dualisme*.

Le PÈRE. — Pourquoi ne réponds-tu pas à l'exemple que j'ai présenté tout à l'heure. Mais je t'y parlais d'AMITIÉ, ne parlons que d'AMOUR.

Tu le sais, beaucoup de personnes prétendent que pour bien aimer, il faut n'aimer *qu'un seul*; d'autres au contraire disent : plus j'en aime *un*, plus je suis disposé à en aimer *plusieurs* ; ceux-ci préféreraient le célibat à un mariage un et indissoluble, même avec une personne que, dans le moment, ils aimeraient éperdument. Ces exemples ne sont pas tellement rares que tu n'aies pu en rencontrer, quoique tu sois très-jeune encore.

Il est évident que deux individualités si diversement organisées auront des manières de vivre fort différentes. Elles ne se sentiront même et ne se com prendront l'une l'autre, qu'à la condition d'avoir entre elles un COUPLE qu'elles aimeront beaucoup l'une et l'autre et qui pourra se mettre en COMMUNION avec l'une et avec l'autre, par les sentiments qui constituent la vie de chacune d'elles. C'est-à-dire que le COUPLE PRÊTRE aimera et comprendra l'individu qui s'*abstrait* totalement dans son amour, comme il aimera et comprendra celui qui s'abandonne facilement à *plusieurs* amours.

Guéroult. — Je conçois bien qu'un individu qui aime se renferme *exclusivement* dans son affection, ou en prenne occasion pour aimer mieux ses *amis;* mais ce que je ne conçois pas, ce que je ne sens pas, c'est que cet individu, en même temps qu'il aime une FEMME, puisse aimer *une autre* FEMME d'un *égal* amour.

Le PÈRE. — Tu viens de te servir d'un mot qui rend en effet la chose un peu plus difficile à comprendre, parce qu'il exprime un fait qui doit se présenter d'ailleurs rarement; tu dis : *aimer deux femmes d'un* ÉGAL *amour;* si c'est cette ÉGALITÉ qui t'empêche de comprendre, mets-la de côté, suppose même les deux affections *inégales,* très-*inégales,* je crois qu'alors tu saisiras mieux.

Au reste, tu me parais encore très-préoccupé de la *réprobation* CHRÉTIENNE contre la *chair;* et je crains que cela ne t'empêche de juger sainement les relations des sexes. J'aurais donc désiré que tu prisses tes exemples de *mobilité* et de *constance* dans un tout autre ordre d'idées, par exemple dans l'amitié, ou même dans des choses qui ne se rattachent pas directement aux relations des hommes entre eux, comme par exemple dans les goûts que l'homme manifeste pour ses travaux, pour ses études, pour ses plaisirs; là tu aurais trouvé des exemples de *constance* et de *mobilité* qui t'auraient paru aussi louables, aussi saints les uns que les autres, et qui auraient fait disparaître la contradiction que tu trouves dans les deux termes du *dualisme*; car tu aurais facilement compris la possibilité de l'UNION de ces deux manières d'être dans le même individu. Tu sais, par exemple, qu'il y a des hommes qui n'aiment et ne cultivent que la physique et même une branche très-petite de cette science, et qui deviennent très-forts dans cette étude; d'autres ne sont très-forts sur aucune partie de la science, mais ils voltigent dans le jardin de l'intelligence, et peuvent parler de tout, sans *profondeur* il est vrai, mais avec esprit, avec *grâce*. Ce sont encore les *inconstants* et les *constants*.

Guéroult. — Je suis surtout frappé du fait de la *famille*; et je vois que, d'après les idées que vous avez émises, il y aura des enfants qui seront orphelins, qui ne connaîtront jamais leur père.

Le PÈRE. — En définitive la question que tu me poses est donc celle-ci : *faut-il que, dans certains cas du moins, la paternité soit douteuse?*

Or ceci nous porterait à résoudre positivement

la question des *limites* imposées aux relations du PRÊTRE et de la PRÊTRESSE avec les fidèles; tu sais bien que je me suis abstenu de poser cette *limite*. La question est importante sans doute, elle est capitale; mais je ne saurais la résoudre, et si tu essaies de le faire, tu vas trop loin.

Guéroult. — Je ne vais pas trop loin; car s'il y a dans le monde ces *deux natures*, *constant* et *inconstant*, et que le PRÊTRE les unisse en lui, il devra être *constant* avec les uns et *inconstant* avec les autres, afin de les RELIER entre eux. Alors je dis que le PRÊTRE devra avoir simultanément une affection *profonde* et des affections *successives*, par conséquent des FAMILLES *successives*.

Le PÈRE. — Tu sais bien que le PRÊTRE, en se faisant *savant* avec le *savant* et *industriel* avec l'*industriel*, ne perd pas, pour cela, son caractère de PRÊTRE; il a toujours sa robe SACERDOTALE, son caractère MORAL; l'UNION des *deux natures* en lui n'implique pas la nécessité de faire les mêmes actes que le *savant* et l'*industriel*. Ainsi...

Guéroult. — Mais il a deux FAMILLES, deux FAMILLES du sang, la FAMILLE de la *constance* et les FAMILLES de l'*inconstance;* il a aussi celle de la *fonction*, il a donc trois espèces de familles.

Le PÈRE. — Tu as des affections si *vives*,

que tu ne me laisses pas le temps de te répondre.

Je t'ai dit que je n'établissais pas de limites, moi homme, à l'influence *spirituelle* ou *charnelle* du PRÊTRE sur le fidèle; et je te demande si tu admets que le PRÊTRE exercera, sur l'individu *charnel*, un attrait et une influence *charnels*.

Guéroult. — Oui.

Le PÈRE. — Eh bien, je te le répète, j'ignore quelles seront les *limites* des relations *charnelles* du PRÊTRE et de la PRÊTRESSE avec les *fidèles charnels;* je me borne à affirmer qu'il existera de semblables relations, puisqu'il y a une influence *charnelle* qui ne saurait être perdue, car elle doit servir à la moralisation des *fidèles* et du PRÊTRE lui-même. Dire quelle sera la conduite du COUPLE-PRÊTRE avec les *fidèles*, je te le répète encore une fois, cela m'est impossible, je ne le sais pas. Or c'est précisément ce qui paraît te préoccuper uniquement; tu veux nous faire discuter ce que nous ne pouvons, ne devons et ne voulons pas discuter.

Guéroult. — Ce qui me préoccupe, c'est que je vois dans le dualisme *savant* et *industriel* un fait humain, dont la manifestation est *intelligence* et *force*, et je puis concevoir entre ces deux termes une unité intermédiaire qui les RELIE, mais pour ces mots *constant* et *inconstant*, je ne vois pas d'unité intermédiaire, je vois deux termes qui se nient, qui se repoussent réciproquement, car on ne peut être *constant* et *inconstant* à la fois vis-à-vis d'une femme, il faut être vis-à-vis de deux pour cela; il faut avoir l'affection *constante* pour l'une, et l'affection *successive* pour l'autre; de là résultent deux FAMILLES contemporaines.

J. Péreire. — Voilà, je pense, en quoi consiste la difficulté de *Guéroult :* il ne considère que le *dualisme;* alors il voit le PRÊTRE ayant une FAMILLE correspondante à l'affection *constante* et ensuite formant des FAMILLES *successives* correspondantes aux affections *inconstantes;* il ne voit pas qu'avant tout le PRÊTRE se marie comme PRÊTRE, qu'il se marie avec la PRÊTRESSE...

Guéroult. — La seule question qui m'occupe est celle-ci : Peut-on être à la fois *constant* et *inconstant?*

LAMBERT. — Quand nous avons admis que l'homme du PROGRÈS était le PRÊTRE, nous avons admis également que le PRÊTRE était l'homme qui voulait toujours *conserver*, et l'homme qui voulait *changer* à chaque instant. Eh bien, tu trouveras ici la même antinomie que celle que tu trouves entre *constant* et *inconstant*. *Esprit* et *matière* forment aussi une antinomie. L'homme du PROGRÈS est intermédiaire, et fait en sorte que celui qui éprouve le besoin de *conserver* ne reste pas trop en arrière, et que celui qui veut *changer* ne se casse pas la tête contre les murs en marchant trop vite; il aide le premier à *changer*, et encourage le second à *conserver*. C'est de la même manière que je conçois le PRÊTRE, à la fois *constant* et *inconstant*. C'est-à-dire qu'il sympathise avec la manière de sentir des êtres *constants*, et pourtant leur fait comprendre que les êtres *inconstants* sont également saints, et réciproquement; or pour cela il faut que le PRÊTRE se montre d'une certaine manière, *constant* avec la PRÊTRESSE, et aussi d'une certaine manière *inconstant* avec les autres femmes. Comment cette *constance* et cette *inconstance* se manifesteront-elles? C'est ce que nous ne savons pas.

Guéroult. — Je ne vois pas qu'il y ait entre *savant* et *industriel* la même antinomie qu'entre *constant* et *inconstant*.

LAMBERT. — Elle existe cependant.

Guéroult. — Concevez-vous un juste milieu entre oui et non?

Le PÈRE. — La langue est certainement très-mal faite pour exprimer ce que nous annonçons, car jusqu'ici on a *réprouvé* des choses qui vont recevoir une *approbation* sainte, qui vont être *réhabilitées,* la *chair* par exemple. Cependant, mets, je te prie, en regard de *constant, mobile* au lieu d'*inconstant,* et en regard d'*inconstant,* mets *immobile* au lieu de *constant,* alors tu n'exprimeras plus la *négation* de l'une des deux natures par rapport à l'autre : *constant* et *mobile, inconstant* et *immobile*, c'est *approuver* ou *nier* des deux côtés; ton objection, dès lors, n'a plus de valeur.

D'ailleurs prends les termes de LAMBERT : celui qui veut *conserver* et celui qui veut *changer,* le *conservateur* et le *novateur,* ces deux types dont s'est servi si fréquemment SAINT-SIMON; eh bien, il y a entre ces deux individus quelqu'un qui régularise leur mouvement, qui *presse,* qui *excite* le premier, et qui *modère,* qui *retient* le second, afin de mettre l'un et l'autre en conditions HARMONIQUES; or, pour remplir ce rôle de RÉGULATEUR, il faut que l'on éprouve à la fois le besoin du *changement* et celui de la *conservation,* il faut savoir empêcher de *conserver* là où l'on DOIT *changer,* et empêcher de *changer* là où il FAUT *conserver.* Il n'y a dans tout ceci aucune contradiction, et c'est en cela que consiste l'art du GOUVERNANT, la vie du PRÊTRE.

Guéroult. — Je conçois bien un juste milieu entre *science* et *industrie;* je sens fort bien que le

PRÊTRE a la faculté de RELIER le *savant* et l'*industriel;* mais entre *constant* et *mobile*, *inconstant* et *immobile*, je ne conçois pas de terme moyen.

Le PÈRE. — Emploie donc, je te prie, les mots *conservateur* et *novateur*, *lent* et *hâtif*, *patient* et *ardent*.

Guéroult. — Le PRÊTRE aura des affections *individuelles* et des affections *multiples;* il aura donc deux familles, dont l'une sera condamnée à n'avoir pas de père.

Le PÈRE. — Tu reviens toujours à la question qu'il ne nous est pas donné de résoudre, et tous tes raisonnements portent contre une solution que tu imagines, et qui pourtant n'a donné lieu à aucun *enseignement* et à aucune *pratique*.

Guéroult. — Je le répète, je ne conçois pas de terme moyen entre oui et non; je ne conçois pas que par rapport à une même femme on soit à la fois *constant* et *inconstant*.

Le PÈRE. — Le PRÊTRE voit dans la PRÊTRESSE l'être qu'il aime le plus, qu'il aimera en tous *lieux* et *toujours*, mais non celui qu'il aime *exclusivement;* tandis que tel *savant*, par exemple, verra toutes les femmes dans celle qu'il aime.

Guéroult. — Il y a donc pour le PRÊTRE des affections *durables* et des affections *passagères*.

Le PÈRE. — Remarque bien, te dis-je, que le PRÊTRE n'est pas *exclusif* comme le *savant* ou *conservateur;* celui-ci est *abstrait* dans son affection, tandis que le *novateur,* au contraire, rêverait la *promiscuité* universelle. Il faut donc que le PRÊTRE se place entre ces deux êtres, et les fasse au moins se supporter l'un l'autre...

Guéroult. — Il y a donc une famille *réelle,* et des familles *bâtardes.*

Le PÈRE. — Toujours ta question des *limites : la Paternité peut-elle être douteuse?* Nous ne pouvons pas la résoudre.

TALABOT. — Pose-toi donc la question de cette manière : Y a-t-il *deux natures?* Y a-t-il une nature *constante* et une nature *inconstante ?* Le nies-tu?

Le PÈRE. — Non certes il ne nie pas qu'il y ait des *constants* et des *inconstants,* mais ce n'est pas là ce qui le préoccupe.

TALABOT. — S'il est vrai qu'il y ait dans le monde quelque chose qui corresponde à cette division, il faut bien imaginer un LIEN entre ces deux dispositions, LIEN que tu ne peux pas comprendre directement c'est possible, ce qui prouverait simplement que tu n'as pas les qualités propres au PRÊTRE, mais qui doit exister, pour que l'ordre et l'harmonie règnent entre ces deux manières d'être, si différentes; je te le répète, toute la question est de savoir s'il y a des êtres *constants* et des êtres *inconstants.*

Guéroult. — J'ai demandé et je demande encore s'il peut y avoir un juste milieu entre oui et non.

TALABOT. — Tu admets bien cependant la nécessité d'un LIEN entre des caractères différents, par exemple le CALME entre l'*ardeur* et la *patience?*

Le PÈRE. — Il n'y a pas de *dualisme* dont les termes ne présentent contradiction, lorsqu'on les *compare abstraitement* au lieu de les UNIR SYMPATHIQUEMENT. Si l'on considérait le *savant* comme une machine *calculante, raisonnante*, il y aurait négation du *savant* par rapport à l'*industriel* qui serait alors un *instrument matériel* de travail. Mais nous disons qu'un homme est *savant* ou qu'il est *industriel*, seulement à cause de la *prédominance* de l'une des dispositions sur l'autre, et non point d'une manière *absolue.*

Duguet. — Il me semble cependant que vous pouvez poser une *limite*, quant à l'action que le COUPLE PRÊTRE doit exercer sur le couple *constant* et sur le couple *inconstant.* Ainsi cette action doit avoir pour but d'exciter le couple *inconstant* à être plus *constant* qu'il ne l'est, et d'empêcher le couple *constant* de s'*abstraire* trop en lui-même; et sous ce rapport *Guéroult* devrait comprendre la nécessité de l'intervention d'un COUPLE qui aurait puissance d'inspirer ce *double* résultat.

Le PÈRE. — Les termes dont tu te sers n'éclairciraient pas encore suffisamment la difficulté de *Guéroult*; ce n'est pas là que se trouve l'obstacle qui l'empêche de comprendre nos idées.

J'ai laissé cette discussion se prolonger presque outre mesure, non-seulement parce que je désirais que plusieurs d'entre vous y prissent part, mais parce que tous vous devez profiter, en voyant combien, dans notre sein même, les objections peuvent avoir de ténacité; de pareilles discussions vous permettent de préparer vos moyens de lutte au dehors.

Guéroult nous a montré autant de *constance* dans son opinion que de *mobilité*, de *vivacité* dans sa parole, et il est bien clair que s'il avait raison ce serait un *double* motif d'éloge, il aurait mérité sous les deux aspects de la vie, *constance* et *mobilité*, mais vous avez dû vous apercevoir sans cesse qu'il a été en dehors des termes que nous devons nous imposer entre nous, et auxquels nous devons surtout ramener toujours nos adversaires, dans nos efforts de propagation, de conversion sur le monde. En effet, toute sa préoccupation tient à ce qu'il suppose résolue la question de *limite*, dans les relations du PRÊTRE et de la PRÊTRESSE avec les *fidèles* ; or c'est précisément aussi la *limite* que je me suis imposée à moi-même dans l'émission de ma pensée ; car j'ai fait la part de l'*affirmation* et celle du *doute* ; j'ai *affirmé* que je croyais à l'existence des deux natures, *constante* et *mobile*, et à la nécessité religieuse de les UNIR, par l'amour du COUPLE PRÊTRE pour l'une et pour l'autre. J'ai encore *affirmé* que le PRÊTRE et la PRÊTRESSE exerceraient une influence *charnelle* aussi bien que *spirituelle* sur les *fidèles* ; mais j'ai dit que *j'ignorais* sous quelles formes et dans quelles LIMITES s'exercerait cette influence ; que moi, HOMME, je n'en posais aucune parce que je sentais et *j'affirmais* encore que c'était à la FEMME à prononcer sur un pareil sujet.

Eh bien, *Guéroult* n'a pas cessé d'avoir devant les yeux une quantité considérable de familles et des troupes d'orphelins ; il s'est toujours débattu contre ce qui ne saurait être mis en question ici.

Profitez de cet exemple, afin que, lorsque des objections pareilles nous seront faites, en dehors de nous, vous puissiez promptement les arrêter, en prouvant qu'on nous condamne pour ce que nous n'avons pas dit ; qu'on suppose ce que nous n'avons pas annoncé, qu'on *affirme* là où nous avons *douté*.

Demain matin, à huit heures, nous nous réunirons, ainsi que je vous en ai prévenus, à la *salle Taitbout*.

NEUVIÈME ENSEIGNEMENT

MERCREDI 14 DÉCEMBRE 1831. — 8 HEURES DU MATIN, SALLE TAITBOUT.

Le PÈRE. — MES ENFANTS, la phase nouvelle dans laquelle nous entrons doit vous trouver plus forts et plus unis que jamais. Il faut vous attendre à recevoir une attaque plus vive que toutes celles que vous avez éprouvées, de la part de la société dont vous allez ébranler les rapports les plus intimes, ceux qu'elle prend aujourd'hui tant de soin à étayer par la dissimulation, à couvrir du silence.

Lorsque nous avons exposé nos idées sur la RELIGION et la POLITIQUE, nous avons déjà rencontré une assez violente opposition. D'un côté, on nous a traités d'utopistes qui rêvions la CONFUSION PANTHÉISTIQUE; de l'autre, on nous a accusés de vouloir bouleverser l'ordre social actuel, pour établir la LOI AGRAIRE, la COMMUNAUTÉ DES BIENS.

Cependant toutes ces questions, d'un ordre général très élevé, ne touchant que de loin les habitudes ordinaires, intimes de la vie, ne préoccupaient qu'un très-petit nombre d'individus exercés à ces sortes de discussions; mais aujourd'hui l'alarme va être générale; tous, HOMMES et FEMMES, vont épier et discuter chaque idée nouvelle que vous émettrez sur la MORALE; il n'est plus de famille, de ménage qui ne s'y croie intéressé.

Les accusations ne vous manqueront pas; et elles seront de la même nature que celles qu'on vous adressait sur la RELIGION et la POLITIQUE. De même qu'on vous accusait de CONFUSION PANTHÉISTIQUE et de COMMUNAUTÉ DES BIENS, on vous accusera de prêcher la PROMISCUITÉ, la COMMUNAUTÉ DES FEMMES.

Or, il faut que vous vous sentiez forts pour résister au torrent, et changer la direction de son cours, et vous ne pouvez être forts qu'en vous UNISSANT plus intimement que vous ne l'avez fait jusqu'ici. Il faut que vos relations entre vous deviennent plus fréquentes, plus franches; il faut que vous vous connaissiez tous les uns les autres, que chaque caractère soit senti et apprécié par tous, de manière que chacun soit sûr de tous ceux qui l'aident dans l'accomplissement de l'œuvre apostolique ; moi surtout j'ai besoin de vous mieux connaître, afin d'assigner à chacun le poste qui lui convient; j'ai besoin de savoir jusqu'où je peux compter sur chacun de vous.

Le moment est donc venu de faire ces PROFESSIONS DE FOI que je vous ai demandées; c'est la seule manière d'établir entre nous tous un lien SYMPATHIQUE *puissant* et *durable*.

Nous consacrerons plusieurs séances à des communications de ce genre; ce sera à la fois un sujet d'*instruction* et de MORALISATION pour tous.

Je demanderai donc à chacun de nous comment il SENT *DIEU,* comment il ME SENT, et comment il SE SENT lui-même, c'est-à-dire quelle FONCTION il SE conçoit dans notre œuvre.

Duguet, veux-tu nous faire ta PROFESSION DE FOI?

Duguet. — PÈRE, je désirerais auparavant faire une observation, je ne sens pas pourquoi vous vous adressez d'abord aux membres du *second degré,* plutôt qu'à ceux du *premier.* Il me semble qu'il eût été mieux de commencer par une des deux extrémités de la HIÉRARCHIE, le *degré d'initiation* ou le COLLÉGE; encore serait-il plus convenable que ce fût celui-ci qui donnât l'exemple. Je demande donc que les membres du COLLÉGE s'expliquent les premiers.

Du reste, ce n'est pas que je recule devant une manifestation de ma foi. J'accepte en tout point la mission qui pourra m'être confiée, quant à l'organisation du *culte* et de l'*industrie*, et quant à l'*appel* de la FEMME. Je considère la FEMME comme l'ÉGALE DE L'HOMME, et j'adopte entièrement les THÉORIES MORALES que vous nous développez dans vos admirables *enseignements*.

Le PÈRE. — Je te demande comment tu SENS DIEU, comment tu as la ferme conviction que tu possèdes la croyance providentielle qui doit engendrer, aujourd'hui, une FOI RELIGIEUSE plus puissante, plus inébranlable encore que celle qui animait les premiers CHRÉTIENS.

Crois-tu, aujourd'hui, que tu accomplis une œuvre immense qui intéresse *DIEU*, MOI, *toi*, NOUS TOUS, l'HUMANITÉ entière et le MONDE; et dans cette œuvre, comment, spécialement, TE relies-tu à MOI? Car dans ce que tu viens de dire, rien n'indique que tu établisses une différence entre MOI et le chef quelconque d'une société qui, hors de nous, ferait œuvre utile. En un mot ta foi religieuse à MON égard n'a pas été suffisamment exprimée.

Duguet. — J'exprime ma foi religieuse relativement à VOUS, en exprimant mon admiration pour les enseignements que vous nous avez faits. Il est incontestable pour moi que l'homme qui, aujourd'hui, sent le mieux *DIEU*, et sait le mieux le faire sentir aux autres, c'est VOUS!

Le PÈRE. — Tu ne m'as pas encore bien compris; mais je reviens à ce que tu nous as dit tout à l'heure.

Explique-moi pourquoi, dans plusieurs occasions et notamment dans celle-ci, tu t'es tant attaché à savoir quelle était la FOI des membres du collége; car ce n'est pas la première fois que tu as réclamé, comme je viens d'entendre que tu le faisais tout à l'heure, la présence de LAURENT et celle de TRANSON. Je crois que cette demande renferme la cause de ce qui peut manquer à l'expression de ta FOI RELIGIEUSE en MOI, en NOUS TOUS, et en *toi-même*; dis-nous donc dans quel but tu as demandé leur présence.

Duguet. — Dans un but tout personnel, de LAURENT à *moi*, et qui ne vous concerne en rien.

Le PÈRE. — Qu'est-ce qui peut être personnel

à LAURENT et à *toi*, et qui ne ME concerne en rien?

Duguet. — Il est évident que rien ne peut se passer entre les membres de la FAMILLE qui ne VOUS regarde; mais j'aurais désiré, pour faire ma PROFESSION DE FOI relativement à VOUS, que LAURENT la fît avant moi.

Le PÈRE. — Explique-nous un peu mieux comment tu rattaches ta PROFESSION DE FOI à celle de LAURENT, ou plutôt dis-nous pourquoi tu penses que ta PROFESSION DE FOI, faite devant LAURENT, et après la sienne, pourrait être différente.

Duguet. — La présence de LAURENT me paraissait nécessaire, quant à moi, parce que plusieurs fois, depuis les derniers événements qui se sont passés au milieu de nous, LAURENT s'est adressé directement à moi, ou même à d'autres, paraissant mettre en doute ma foi, et cherchant à la rendre suspecte. C'est sous ce rapport seulement que je désirais sa présence, et que j'aurais voulu entendre sa PROFESSION DE FOI avant la mienne.

Le PÈRE.— Est-ce comme étant son accusateur que tu aurais désiré qu'il parlât ; ou bien est-ce pour te disculper devant lui, que tu réclames sa présence.

Duguet. — Ce n'est pas comme accusateur,

c'est une justification que j'aurais voulu faire devant lui de la sincérité de ma foi; j'aurais voulu montrer que *je* n'ai pas moins foi en VOUS que LUI. Si je me traîne sur ce sujet, je ne l'ai pas désiré; je ne fais que répondre aux questions que vous m'adressez.

Le PÈRE. — C'est qu'en effet ce sujet est très-important à traiter. Je te demande donc encore dans quel but tu as fait une observation semblable à celle qui concernait LAURENT, relativement à d'autres membres du COLLÉGE.

Duguet. — Il me paraît évident que si, comme je le crois, de semblables manifestations sont de nature à nous éclairer, la lumière doit partir d'abord du COLLÉGE et non de *nous*. Ma foi est arrêtée dès ce moment, mais il y a nécessité à ce que chacun de nous s'explique.

Le PÈRE. — Vois-tu, en ce moment, parmi les membres du collége ici présents, quelqu'un qui te paraisse nécessiter cette demande?

Duguet. — Mon PÈRE, j'ai dit que je ne vous l'adressais que relativement à LAURENT.

Le PÈRE. — Tu désires donc que Laurent soit appelé?

Duguet. — Aussi longtemps que nous ne saurons que penser sur ceux qui nous entourent, mais surtout sur ceux qui nous *dirigent*, nous ne pourrons nous prononcer; c'est pour cela que j'ai demandé que les membres du COLLÉGE s'expliquassent avant nous.

Le PÈRE. — L'absence de LAURENT et de TRANSON ne saurait nous empêcher de continuer notre œuvre; et je désire que vous compreniez que si j'ai choisi un ordre pour procéder à l'émission de vos PROFESSIONS DE FOI, j'ai eu des motifs pour prendre celui-là plutôt qu'un autre; j'en ai eu plusieurs, que je crois inutile de vous dire maintenant; mais *Duguet* doit sentir qu'il n'y a jamais nécessité pour nous de commencer, comme il le disait, par les *extrêmes*, par le *degré préparatoire* ou par le COLLÉGE, et qu'il est même plus dans notre nature de prendre, en toutes choses, les termes *moyens*, sauf ensuite à *monter* et à *descendre*.

Vous voyez, par ce qui vient de se passer, combien ces réunions nous sont indispensables pour faire cesser entre nous le *doute*, cause constante de désharmonie, de désunion, par conséquent de faiblesse. Jusqu'ici la vie de chacun de nous a été comme murée; abattons ces murs. Les PROFESSIONS DE FOI que je vous demande ne sont pas précisément des *confessions*; elles nous y préparent; et d'abord elles feront tomber ces causes de désunion et d'hostilité qui peuvent exister entre quelques-uns de vous ; car, en exprimant votre foi, vous éprouverez le besoin de mettre votre cœur à nu, et de le laver de toutes ces tâches de faiblesses apostoliques ; vous ne sauriez conserver, après de semblables épanchements, de douloureux sentiments de défiance ou de colère contre vos PÈRES ou contre vos *frères*, ou de froideur à l'égard de vos *fils*.

Commençons donc aujourd'hui par exprimer comment vous vous sentez reliés les uns aux autres, par le sentiment de cette grande œuvre pour laquelle *DIEU* nous a choisis. Dites comment vous vous sentez reliés à MOI, à MOI qui vous ai transmis la vie nouvelle qui vous anime ; en un mot dites comment vous vous sentez RELIGIEUX.

Baud, tu as souvent PROFESSÉ TA FOI ; je te demande quelques mots seulement.

Baud. — PÈRE, je prévoyais que vous alliez m'appeler, parce que vous sentez la vie de celui de vos *fils* dont, en ce moment, la vie est la plus douloureuse. Vous savez pourquoi je souffre, vous qui connaissez le fond de mon cœur, et y verser le baume de votre amour ; mais je ne faiblirai pas, mon PÈRE ; je suis fort près de vous, et je saurai encore porter avec gloire l'habit d'apôtre.

Maintenant je sens ma mission mieux que je ne

l'ai jamais sentie; je sais qu'il faut aller secourir et relever ceux qui souffrent ; j'irai, mon PÈRE ; ils comprendront mieux ma voix, et comme moi ils trouveront, dans leur douleur même, l'espoir et le courage dont ils ont tant besoin.

Je sais que la plus grande pauvreté n'est pas celle du *pain*. Je sais que le monde est surtout pauvre d'AMOUR et de TENDRESSE. Eh bien, voilà la richesse que je veux lui donner, parce que vous m'en avez rendu riche.

Je sens *DIEU* dans tous les HOMMES et dans toutes les FEMMES, comme je le sens dans tout le MONDE. Ma vie sera consacrée à réveiller ce sentiment dans tous ceux où il se trouve aujourd'hui endormi ou éteint en apparence. Lorsque tous l'auront, la paix et le bonheur seront dans le monde.

PÈRE, vous êtes pour moi la LOI VIVANTE ; j'ai foi dans vos promesses; vous n'êtes pas *DIEU*, vous l'avez dit et je le sens, mais vous êtes à mes yeux, de tous les hommes, celui qui *sait* le mieux la *pensée* de *DIEU*, et qui a le plus de *courage* et de *constance* pour *réaliser* l'avenir que vous annoncez à l'humanité.

Oui, j'appellerai les FEMMES, j'appellerai les HOMMES, pour faire de tous les HOMMES et de toutes les FEMMES, des PÈRES et des MÈRES, des ÉPOUX et des ÉPOUSES, des FILS et des FILLES selon la loi nouvelle; c'est là mon œuvre.

PÈRE, je vous aime et je vous révère; et entre vous et moi, il n'y a pas d'amour qui puisse se placer, pour faire que j'arrive jamais à vous haïr ou à vous mésestimer.

Le PÈRE. — *Huguet,* dis-nous tes sentiments sur *DIEU*, sur L'HUMANITÉ et sur MOI, dis-nous aussi comment tu sens ta propre mission.

Huguet. — PÈRE, le plus grand problème, celui sans la solution duquel il ne peut exister vraiment de bonheur, quelle que soit la condition de la vie où l'on se trouve, c'est le grand problème des destinées humaines. Sa solution a deux faces, la VIE PRÉSENTE et la VIE FUTURE.

Je dois déclarer ici que quant à cette dernière partie, celle qui embrasse la VIE FUTURE, je n'ai jamais été très-édifié sur aucune des solutions qui en ont été données, mais j'ai toujours cru à la VIE FUTURE, j'y crois encore, et j'y crois plus fermement que jamais, car cette question est liée à celle de la VIE PRÉSENTE.

Dans les diverses positions où je me suis trouvé, la VIE FUTURE m'a toujours singulièrement préoccupé. Sentant l'impossibilité de la résoudre d'une manière satisfaisante, je me suis d'abord attaché à la solution du problème de la VIE PRÉSENTE. Là j'ai eu satisfaction de mes efforts; j'ai compris la doctrine dont vous êtes le chef, et les progrès que vous lui avez fait accomplir. Il m'a semblé que cette solution de la VIE PRÉSENTE était la seule que l'on pût accepter, la seule qui pût, étant acceptée et réalisée sous votre direction, conduire à l'autre solution, celle de la VIE FUTURE, la seule enfin qui pût compléter le sentiment de la vie.

Toutefois, bien que j'accepte la vie humaine telle que vous l'avez formulée, je n'espère cependant pas le bonheur, parce que cette seconde solution qui, selon moi, est indispensable pour le bonheur de l'homme, ne me semble pas encore donnée. Mais comme le premier devoir, la première obligation, et enfin le seul moyen d'être moins malheureux, est de faire ce qu'il est *possible* de faire ; et puisqu'il est vrai de dire qu'on ne peut arriver à la solution de la VIE FUTURE que par l'accomplissement, la réalisation de la VIE telle que vous l'avez formulée, dans mon opinion (et c'est ma foi la plus vive, la plus sincère), il n'y a rien de mieux à faire pour le moment, que réaliser, que pratiquer ce que vous avez enseigné.

Je vous déclare donc, mon PÈRE, que je vous considère comme l'homme qui sent le mieux la

VIE FUTURE, qui en a le pressentiment le plus clair, et par conséquent qui comprend le mieux aussi quelle est l'œuvre de l'homme en ce monde. Je me dévoue donc à vous entièrement, et me place tout entier sous votre direction paternelle.

Le PÈRE. — Très-bien, Huguet.

Et toi, *Rigaud*, toi qui reviens de mission, dis-nous aussi ce que tu sens.

Rigaud. — PÈRE, chargé par vous de la mission de l'ouest avec *Charton*, j'ai été peu au courant des derniers événements qui se sont passés dans le sein de la doctrine; aujourd'hui je le suis encore, cependant ma foi est tellement ferme, que je puis ici la professer.

Je vous regarde comme étant, aujourd'hui, le véritable LIEN de la société Saint-Simonienne, je crois qu'en dehors de vous il n'y a aucune puissance capable de grouper des individus dans le but social du développement de l'HUMANITÉ en *DIEU*; aussi je suis décidé à vous suivre. Pour moi, vous êtes la définition VIVANTE de l'AMOUR.

J'adopte entièrement les *théories* MORALES que vous nous avez enseignées; cependant je ne les crois pas applicables maintenant. Je pense que leur réalisation ne pourra avoir lieu que par l'action harmonique de l'HOMME ET de la FEMME.

Le PÈRE. — Oui, sans doute.

Rigaud. — Je suis entièrement dévoué à la doctrine; mais je sens que j'ai à m'initier plus entièrement aux nouveaux progrès qu'en mon absence vous avez fait faire.

Le PÈRE. — Occupe-t'en très-activement.

Et toi, *Holstein*, veux-tu, à ton tour, nous dire ta PROFESSION DE FOI?

Holstein. — PÈRE, j'aime la mission que TU m'as donnée. Je l'aime parce que je sens vivement les douleurs des enfants que TU m'as confiés. J'accepte cette tâche pénible parce que j'ai FOI en TOI, et que mon cœur peut s'épancher et puiser en TOI. J'ai cruellement souffert de tout ce qui vient de se passer, car, je l'avoue, un instant ma foi a été ébranlée. Mais aujourd'hui je ne souffre plus, depuis que je sens que c'est bien toi qui dois nous diriger dans tout ce que nous avons à faire, parce que TU es inspiré de *DIEU* QUI EST TOUT CE QUI EST.

Le PÈRE. — *Lesbaseilles,* veux-tu nous dire ta foi?

Lesbaseilles. — Mon PÈRE, je sens *DIEU* dans le MONDE qui nous entoure, car j'ai étudié le MONDE, et je ne crois plus au HASARD. Je sens *DIEU* dans l'HUMANITÉ, surtout dans cette partie de l'HU-

MANITÉ qui souffre; car toute ma vie a été consacrée à porter du secours à ceux qui sont dans la douleur. Depuis l'âge de seize ans j'ai vécu dans les hôpitaux; là, et sur les champs de bataille, j'ai pansé les plaies de LA CLASSE LA PLUS PAUVRE ET LA PLUS NOMBREUSE. Rentré dans la vie civile, j'ai toujours été médecin, et je suis pauvre comme ceux que j'ai pansés. J'ai beaucoup souffert avant d'être converti à la foi SAINT-SIMONIENNE, parce que je ne croyais pas en *DIEU*. Aujourd'hui cette croyance en une PROVIDENCE me donne le courage et la force d'accomplir la mission que vous m'avez confiée. Cependant je souffre encore; dans le sein de la famille selon la chair, dans le sein de cette société qui nous entoure, je suis tiraillé, torturé sans cesse; et il m'a fallu tout endurer sans pouvoir rien dire. Voilà pourquoi je souffre, et j'en souffre d'autant plus que je n'ai pas encore rencontré dans la doctrine un PÈRE, un *frère*, un *fils* qui soient venus à moi pour adoucir la position cruelle dans laquelle je me trouve...

Pardon, PÈRES et *frères* qui m'écoutez; mais vous ne m'avez pas encore entendu parler devant vous; vous avez pu me croire un *savant*, cherchant à *étudier*, à *commenter* la doctrine, et aucun de vous n'a connu ma vie (il met la main sur son cœur), là est ma vie! c'est là que je puiserai pour rendre aux autres ce qui m'a été donné.

PÈRE, je sens très-bien la nécessité de sortir de la phase *dogmatique* de la doctrine, pour arriver à sa *pratique;* avant tout je suis homme d'*action, d'exécution;* je suis donc l'homme du *mouvement,* je vous suivrai.

Je comprends que la présence de la FEMME est nécessaire, indispensable pour la réalisation des idées MORALES que vous annoncez; je crois que la LOI MORALE définitive ne peut être révélée que par l'HOMME ET la FEMME; que son application ne peut être que le résultat de leur action *simultanée, coordonnée,* HARMONISÉE.

J'attendrai donc, sous votre direction, le moment où cette LOI MORALE nouvelle sera proclamée.

PÈRE, je crois en VOUS; je VOUS aime surtout parce que je sais que vous souffrez des maux des autres. Jusqu'ici, il est vrai, je n'ai pas eu avec VOUS autant de rapports que je l'aurais voulu; mais, dans notre dernière réunion générale, votre position devant nous, lorsque vous aviez sous les yeux des FEMMES qui souffraient, m'a montré qui vous étiez, et j'ai été ému plus que je ne l'ai été jamais.

Mon PÈRE, plein de confiance en VOUS et dans le *DIEU* que vous m'avez fait aimer et connaître, je suis prêt à faire tout ce que vous désirerez de moi.

Le PÈRE. — *Péreire*, à toi, mon enfant.

Péreire. — PÈRE, je VOUS aime depuis longtemps, car depuis longtemps je VOUS connais. VOUS m'avez donné beaucoup, je VOUS dois, en quelque sorte, tout ce que je suis. Je VOUS dois de m'avoir révélé la puissance d'AMOUR qui est en MOI.

Cependant, au milieu de la crise douloureuse que nous venons d'éprouver, si j'avais pu croire que vous dussiez nous entraîner dans une voie qui ne fût pas celle voulue de *DIEU*, je me serais retiré de vous, bien que pour moi, je le sens, c'eût été un véritable *suicide*.

Je VOUS aime plus que jamais, parce que je comprends parfaitement bien la direction dans laquelle vous nous entraînez.

Je sens que l'industrie doit recevoir de nous un puissant mouvement.

Je sens que jusqu'à ce jour la FEMME n'a pu obtenir dans la doctrine la place qu'elle doit y occuper un jour; et qu'en dehors de nous, HOMMES, il y a tout un monde comprimé, un monde torturé par des souffrances horribles que nous devons détruire.

Ainsi sans être fixé (pas plus que vous ne l'êtes vous-même) sur les rapports qui devront exister un jour entre l'HOMME et la FEMME, je marche sous votre direction avec une confiance pleine et entière; je suis prêt à faire tout ce qu'il me sera possible de faire pour le succès de notre grande œuvre; je ne reculerai devant aucun sacrifice que VOUS m'imposerez pour accomplir la mission que VOUS m'avez confiée.

Je sens que dans la voie où nous entrons de grandes douleurs nous attendent; mais quelles qu'elles puissent être, soyez-en sûr, mes épaules ne faibliront pas.

Le PÈRE. — *Henry*, dis-nous comment tu sens *DIEU* dans le MONDE et dans l'HUMANITÉ, en MOI et en TOI.

Henry. — Depuis longtemps j'ai souffert du spectacle que m'offrait le MONDE, et depuis longtemps aussi j'ai cherché une consolation aux douleurs MORALES, *physiques* et *intellectuelles* que me causait ce MONDE, si différent de celui que rêvait mon imagination, et où j'éprouvais de continuels et cruels désenchantements. Pourtant, lorsque la doctrine s'est offerte à moi, j'ai eu de la peine à l'embrasser, parce que je n'y voyais pas encore ce que j'avais trouvé, moi ARTISTE, en dehors d'elle : le caractère SACRÉ de la *matière;* je voyais bien qu'on voulait RÉHABILITER la *matière,* mais je ne voyais pas qu'on eût le sentiment profond de cette RÉHABILITATION.

Je me suis rattaché cependant à la doctrine, parce que les douleurs MORALES que le MONDE éprouve, et que la doctrine me paraissait vivement ressentir et bien connaître, l'emportaient sur les douleurs *physiques.*

Une fois entré dans son sein, je souffrais encore, parce que j'appelais de tous mes vœux la phase où nous entrons, et qu'elle ne s'approchait pas de nous selon la mesure de mon impatience.

Aussi me suis-je toujours rallié à VOUS avec amour, PÈRE, parce que j'avais trouvé en VOUS ce caractère SACRÉ de la *matière,* et parce que vous me donniez une vie MORALE nouvelle.

C'est vous surtout que je glorifie, ô mon PÈRE, parce que votre parole a dominé tous les dissentiments qui existaient dans le sein de la FAMILLE; vous me trouverez toujours prêt à vous suivre dans la route glorieuse que vous nous avez ouverte.

Je sais que, de longtemps encore peut-être, nous ne serons pas à même de jouir du CULTE que renferme votre parole; je sais que les APÔTRES qui désirent le plus impatiemment sa création doivent être prêts à souffrir toutes les douleurs MORALES et *physiques* dont ils veulent affranchir l'humanité; je le sais, mais il faut que l'APÔTRE qui veut bâtir un TEMPLE en prépare péniblement les matériaux.

PÈRE, je sens *DIEU* surtout dans l'HUMANITÉ, et c'est surtout en ELLE que je cherche ce TEMPLE du BEAU qui a toujours fait ma vie.

PÈRE, je sens que *DIEU* est surtout en VOUS, c'est en vous qu'il m'apparaît dans sa manifestation la plus haute.

VOUS, la FAMILLE SAINT-SIMONIENNE, la SOCIÉTÉ qui est en dehors de nous, et le MONDE, telle est la sainte hiérarchie sous laquelle l'UNIVERS m'apparaît; tel est l'ORDRE qui règne dans ma foi en *DIEU*.

PÈRE, je ne sais si j'ai répondu aux questions que vous m'avez adressées.

Le PÈRE. — Oui, oui, très-bien.

(*S'adressant aux membres du* COLLÉGE). Maintenant l'un de vous, CHERS FILS, veut-il dire à la FAMILLE quelques paroles sur le même sujet? Le veux-tu, MICHEL?

MICHEL. — PÈRE, comme plus que vos autres *fils*, nous avons NOUS, les membres du COL-

LÉGE, le bonheur de vous approcher souvent, et de vivre plus *particulièrement* de votre vie, vous savez ce que NOUS sommes plus encore que vous ne savez ce que sont vos autres *fils;* vous savez NOTRE vie bien mieux que celle des *autres;* et vous savez combien NOUS VOUS AIMONS. Je regrette donc vivement que *Duguet,* quand il a réclamé que les membres du collége exprimassent leur foi avec lui, n'ait pas senti ce motif si naturel de l'ordre que vous avez choisi.

Eh bien, nous n'avons pas besoin de le dire pour vous, PÈRE, mais je vous rends grâces de m'avoir appelé à dire devant TOUS quelle est ma foi sur les trois points que vous avez posés devant nous.

Et d'abord vous nous avez demandé comment nous sentions *DIEU.*

DIEU, pour moi, c'est l'EXISTENCE UNIVERSELLE, dans l'ESPACE et dans le TEMPS. Vous m'avez appris à le sentir dans tout ce qui nous entoure, et de plus en plus je le sens dans le développement de *toute* l'HUMANITÉ, et dans celui du MONDE *entier.* Je le sens dans l'*industrie* et dans la *science,* parce que j'ai vécu de *science* et d'*industrie;* je le sens dans tous les PEUPLES de la terre, comme dans tous les PARTIS politiques qui divisent les PEUPLES, parce que chacun d'eux a sa mission particulière dans la grande œuvre humanitaire.

Je sens *DIEU* dans toutes les CLASSES; je le sens dans le PROLÉTAIRE et dans le BOURGEOIS, et mon plus grand bonheur est de leur apprendre à *LE* sentir réciproquement l'un dans l'autre.

Je sens *DIEU* dans la FEMME; or les souffrances de la FEMME sont d'autant plus affreuses, que ce sont celles que le monde ignore le plus, et dont il s'occupe le moins. Les souffrances de la FEMME m'obsèdent, me font saigner le cœur; je les vois partout; partout leur spectacle fatigue ma vue; il n'y a pas un petit coin de terre qui, à mes yeux, ne soit empreint des souffrances de la FEMME, de celle même qui devant nous se montre si brillante, et si riche, et si gaie. Il n'est pas une maison, pas une rue, pas un pavé où je ne voie le nom de FEMME, écrit avec de la boue et du sang.

Je sens *DIEU* dans la FEMME, et je veux apprendre à d'autres à le sentir ainsi, afin que, par nous, toutes ces souffrances disparaissent.

Je sens *DIEU* dans tous les PEUPLES, et je le sens non-seulement dans les PEUPLES, mais dans cette immense chaîne qui embrasse TOUT CE QUI EST, tout ce qui *fut* et *sera* depuis le moment où les granits ont été fondus, et où la terre n'avait pour habitants que des êtres nombreux et bizarres, jusqu'au moment où nous sommes, et jusqu'à la limite de nos destinées.

Je *LE* sens dans les mondes qui peuplent l'espace, et dans les grands monuments des hommes, où je vois encore bien des douleurs, car qui pourrait compter les pleurs d'HOMMES et de FEMMES entassés sous les pierres des pyramides d'ÉGYPTE?

Voilà comment je sens DIEU, et comment je veux de plus en plus le sentir; voilà comment j'ai appris de vous, PÈRE, à le sentir; et je sais que par vous je le sentirai chaque jour de plus en plus.

Vous avez demandé comment nous sentons NOTRE mission. Je la sens élevée, immense, je la sens sublime, glorieuse, et pour VOUS et pour NOUS.

Je sens surtout que nous aurons besoin d'une sorte de courage qui n'a pas encore de nom dans l'humanité. Je sens que nous aurons des douleurs extrêmement vives à éprouver, mais aussi à faire éprouver. Nous serons accusés d'IMMORALITÉ, d'INSENSIBILITÉ; et en effet, vis-à-vis de la MORALE ancienne, nos actes devront être souvent ainsi qualifiés, tandis que suivant la MORALE de l'avenir, ce seront des actes de la plus grande MORALITÉ, de la plus haute SENSIBILITÉ.

Il y a deux espèces d'IMMORALITÉS dans le monde. Il y a eu autrefois une MORALE qui réprouvait certains actes, et ces actes, vu l'état actuel du monde, sont encore IMMORAUX; cette MORALE antique n'est plus, il n'en reste que des lambeaux, et ces lambeaux eux-mêmes ne sont plus que de l'IMMORALITÉ par rapport à l'avenir ; ces débris se lèveront contre nous.

Ainsi d'une part, les hommes qui se couvriront des lambeaux de la vieille MORALE, de l'autre, ceux qui protestent brutalement contre la brutalité de la loi ancienne, se réuniront contre nous. Notre tâche sera donc pleine d'amertume, en butte à cette double attaque; je le sais, mais ne m'en effraie pas, parce que je sais aussi que, grâce à notre foi dans le DIEU qui NOUS inspire, et grâce à notre foi en vous, PÈRE, tous ces obstacles, qui sont bien autrement graves que les difficultés *matérielles* dont nous avons triomphé, ne nous arrêteront pas.

Pour MOI, en particulier, je sens que MA mission consiste moins à aller porter des secours à ceux qui souffrent, qu'à aller chercher ceux qui ne souffrent pas, pour les amener à ceux de mes

FRÈRES qui tendent la main à ceux qui souffrent; afin que ceux qui ne souffrent pas COMMUNIENT ensemble. Voilà comment je sens MON œuvre PERSONNELLE dans l'œuvre GÉNÉRALE à laquelle VOUS nous appelez au nom de DIEU.

Quant à vous, mon PÈRE, je ne pourrai exprimer que faiblement comment je VOUS sens, tant sont profonds les sentiments que j'éprouve pour VOUS. C'est VOUS qui m'avez tiré de ce monde où je me desséchais, où je mourais. Il y a un an, j'étais dans ma famille selon la *chair*, souffrant et malade; je traînais derrière moi une fonction que ce monde m'avait donnée, et qui me pesait, précisément parce qu'elle était trop légère pour moi. VOUS m'avez appelé auprès de VOUS, VOUS m'avez rendu la santé, la foi, et l'amour des autres; dès lors ma vénération pour vous a toujours été s'accroissant, parce que de plus en plus, depuis lors, je vous ai vu grand, fort et plein de bonté.

Il y a trois mois qu'a commencé pour nous cette crise qui nous a amenés où nous sommes, crise douloureuse, mais au sein de laquelle nous avons tous puisé une activité, une intelligence, et une ardeur bien autres que celles qui nous animaient auparavant.

Tant qu'a duré cette crise, je dois me rendre

cette justice, c'est que je n'ai jamais, un seul instant, douté de VOUS.

Cependant, quelque temps, je n'ai pas compris vos paroles, et vous avez vu qu'au sein du COLLÉGE, j'ai souvent protesté très-vivement, très-énergiquement contre les *théories* MORALES que vous présentiez; je les ai traitées d'immorales, de monstrueuses, de dégoûtantes. Néanmoins, même alors que je parlais ainsi, vous me paraissiez tellement MORAL, que ma foi en vous n'a pas été un instant ébranlée. Je vous glorifiai même d'avoir une assez haute MORALITÉ pour ne pas craindre de présenter et de soutenir ce qui alors nous semblait à tous une chose de la dernière monstruosité. Depuis lors, grâce à VOUS et à mes PROPRES efforts, j'ai compris votre parole; j'accepte complétement et sans aucune restriction ce que vous nous avez enseigné sur les relations de l'HOMME et de la FEMME, je déclare que jamais conception POLITIQUE, MORALE, RELIGIEUSE n'a été aussi haute, et aussi féconde en immenses résultats; nulle n'a été si capable de mettre un terme aux douleurs d'HOMMES et de FEMMES qui accablent l'humanité.

PÈRE, vous m'avez beaucoup donné; j'attends encore beaucoup de VOUS, parce que je vois que chaque jour vous donnez davantage. VOUS êtes l'homme au monde, je ne dirai pas que j'aime le plus maintenant, la chose est toute simple, mais il n'y a pas encore eu d'homme au monde pour lequel j'aie senti et pensé ce que j'ai senti et pensé sur VOUS.

PÈRE, je vous demande de vous embrasser.

(MICHEL va embrasser le PÈRE.)

Le PÈRE. — Je voudrais maintenant entendre la profession de foi de LAMBERT.

LAMBERT. — Mon PÈRE, j'ai déjà, dans une circonstance solennelle, exposé ma foi devant vous; mais à cette époque tout était empreint du mouvement qui agitait la doctrine; la *critique* était VIVANTE au milieu de nous. Aussi exprimais-je plutôt alors que je ne me *retirais* pas, comme le faisaient d'autres de mes FRÈRES, que je ne disais : je *reste* avec vous. Et en effet, dans l'état de doute et d'incertitude où j'étais alors, je ne restais que pour observer votre marche; je voulais voir si l'humanité acclamerait à votre parole, ou si, comme je le disais alors, après REYNAUD, une femme viendrait *écraser la tête du serpent.*

Aussi je vous remercie d'avoir provoqué de moi aujourd'hui une nouvelle manifestation de ma foi, non que celle-ci ne soit la continuation naturelle de celle que j'ai faite à cette époque, mais au contraire pour faire sentir à mes *fils* comment j'ai toujours marché dans une même direction, et leur exprimer comment, après avoir traversé la crise du COLLÉGE, et celle de la FAMILLE entière, je me trouve aujourd'hui plus ferme que jamais dans ma foi en VOUS et dans l'œuvre que vous nous enseignez à accomplir.

Mais pour cela il est nécessaire que je dise rapidement les phases par lesquelles je suis passé dans ma vie.

Toute ma carrière, avant ou après mon entrée à l'*École polytechnique*, a été PHILOSOPHIQUE; c'est toujours au point de vue de PHILOSOPHIE générale que j'ai embrassé toutes les sciences dont je me suis occupé, et j'ai eu peine à m'assujettir à l'étude des *détails*.

Mais bientôt je suis arrivé à me désespérer, dans l'examen de la question la plus haute qui pût se présenter à moi; c'était celle de la MORALITÉ humaine. Le fatalisme m'obsédait jour et nuit, et plus d'une fois j'ai mouillé de larmes les draps de mon lit, en face de cette grande question : FATALITÉ ou PROVIDENCE. Le doute dont cette question m'accablait était mortel pour moi... C'est TRANSON qui m'a sauvé, qui m'a arrêté au bord de cet abîme; il m'a rendu la vie, il me l'a rendue en votre nom,

PÈRE, et au nom de SAINT-SIMON qu'il me présentait comme un RÉVÉLATEUR apportant aux hommes la règle de leurs *actes*, de leur *science* et de leur MORALITÉ.

Lorsqu'il me fit voir que le monde n'était pas livré à deux principes ennemis, éternellement destinés à la lutte; quand il me montra que l'humanité progressait sans cesse vers un état de plus en plus heureux; lorsqu'il me parla de l'UNIVERS, soumis à une loi HARMONIEUSE, et me fit sentir DIEU dans cette UNIVERSELLE HARMONIE, alors je me dévouai entièrement à ce que j'appelais alors *enseigner* cette HARMONIE, je me dévouai à *enseigner* la foi qui venait de me rendre un peu au bonheur, à l'*enseigner*, dis-je, car je vivais encore de ma vie PHILOSOPHIQUE, de ma vie d'ENSEIGNEMENT.

Cependant je sentais que DIEU se révélait en moi de plus en plus, car j'éprouvais pour mes semblables des sentiments d'affection que je n'avais pas encore trouvés en moi si puissants; mais je restais dominé par les habitudes de l'*humilité* CHRÉTIENNE; je n'osais publiquement émettre, propager ma foi; à peine si je pouvais prendre sur moi d'en dire un mot dans ma famille. Cette humilité, cette timidité m'accompagnait dans la doctrine; et par exemple, j'étais frappé d'un tel respect pour vous, PÈRE, que je n'osais vous aborder, que je n'aurais pu arriver à vous sans un grand cérémonial de révérences, enfin que je ne vous connaissais nullement, lorsque je suis entré dans le COLLÉGE. (*On rit.*)

Lorsque j'arrivai au COLLÉGE, les idées qui ont produit la crise étaient déjà sorties de la discussion, et, comme le disait MICHEL tout à l'heure, le COLLÉGE paraissait si unanimement et si fermement convaincu de l'IMMORALITÉ de ces idées, mais surtout l'irritation était telle chez ceux qui me donnaient quelques lambeaux de ces idées, que je ne savais que dire, que penser, que faire ; et je me trouvai dans l'état d'incertitude le plus complet qui jamais ait existé pour moi.

C'est alors (et je dois le dire pour l'édification de mes fils), que j'ai complétement oublié la doctrine, ou du moins quelques-uns des principes qui avaient fait ma vie PHILOSOPHIQUE dans la DOCTRINE ; ils n'ont pu échapper à cette crise MORALE qui agitait le COLLÉGE ; de sorte que j'ai été, pendant quelque temps, très-mal classé, quand les PÈRES m'ont chargé de l'*enseignement* de la doctrine.

A cette époque vous savez que nous avons espéré, pendant plusieurs jours, tout concilier par une simple *division de travail*, par une attribution nouvelle de fonctions pour les PÈRES SUPRÊMES, et pour les membres du COLLÉGE. On m'assigna un rôle dans cette *division*, je le pris, mais lorsqu'au lieu de *division de travail*, on prononça ce mot : SÉPARATION, alors j'ai hésité ; je sentais, plutôt *rationnellement* que SYMPATHIQUEMENT, que je devais rester avec VOUS.

Depuis lors, PÈRE, j'ai eu la révélation de ce que VOUS êtes, et les souvenirs de cette crise me font bien sentir tout ce qu'il devait y avoir en vous de *puissance*, d'*intelligence* et de MORALITÉ, pour l'avoir provoquée, et l'avoir supportée et terminée comme vous l'avez fait ; et aujourd'hui je me sens capable de vous dire un mot que je n'aurais jamais dit à un homme avant d'entrer dans la doctrine ; c'est que *je vous aime de tout mon cœur*.

Voilà quant au lien qui m'attache à VOUS.

Maintenant, si vous le permettez, si je n'ai pas déjà été trop long, je dirai rapidement ma croyance sur les points que vous avez posés.

Je commencerai par dire ma foi en DIEU.

Je crois que DIEU est TOUT CE QUI EST, que tout est EN LUI et PAR LUI ; que nul de NOUS n'est HORS DE LUI, et qu'aucun de NOUS n'est LUI : je crois qu'il NOUS UNIT par son amour, et que nous COMMUNIONS ainsi ENTRE NOUS et avec TOUT CE QUI EST.

Quand je dis que nous COMMUNIONS par son amour, je fais sentir que DIEU n'est plus pour moi ce qu'il était dans ma phase PHILOSOPHIQUE, une espèce de LOI universelle, mais un ÊTRE infini par lequel et dans lequel l'humanité marche sans cesse à son amélioration.

J'ai foi que le sentiment des destinées humaines, qui est plus vif en vous, PÈRE, qu'en qui que ce soit au monde, VOUS inspire ce que NOUS devons accomplir pour faire passer l'humanité de l'état de souffrance où elle se trouve à un état plus heureux.

Je crois donc que VOUS êtes la LOI VIVANTE; mais je crois qu'en indiquant à chacun les pas successifs qu'il doit faire, vous vous marquez aussi à chaque instant à vous-même la règle de conduite que vous devez suivre; ainsi VOUS êtes la LOI VIVANTE, mais qui écrit une PROMESSE.

Et vous voyez aussi en NOUS des manifestations de *DIEU*, c'est-à-dire que dans l'exercice de la LOI VIVANTE vous ne croyez pas qu'aucun de NOUS soit en dehors de *DIEU*;

Et vous cherchez à NOUS développer; car vous croyez que NOUS avons la même destinée que

VOUS, quelque grand que VOUS soyez, par rapport à NOUS;

Et enfin vous avez cette croyance que *DIEU* est EN VOUS, et cette croyance vous inspire le courage d'affronter tout ce que le monde vous jettera de boue, tout ce qu'il vous en jette déjà, car déjà il commence.

Je crois qu'il faut que j'aie eu un nuage bien épais devant les yeux, pour que j'aie pu méconnaître que non-seulement la phase actuelle était celle où nous devions entrer; mais même que c'est le but évident et la conséquence logique de nos premiers enseignements.

Je crois que l'aspect le plus élevé de l'APOSTOLAT est, au point de vue DOGMATIQUE, la *réhabilitation* de la CHAIR; sous le rapport du CULTE et de la POLITIQUE, l'*organisation* de l'INDUSTRIE; enfin, au point de vue MORAL ou RELIGIEUX, l'*affranchissement* de la FEMME.

Quant aux idées que vous avez émises sur cette dernière partie, et qui ont soulevé tant de répugnance dans le COLLÉGE, j'y adhère entièrement; j'adhère surtout à la SAGESSE que vous avez montrée en ne voulant pas poser de LIMITES, là où la FEMME SEULE peut en poser; j'adhère donc complétement aux termes dont vous vous êtes servi, et je crois que la LOI MORALE ne sera définitivement formulée que par UNE FEMME ET VOUS, ou par couple supérieur à VOUS, chose qui me réjouirait vivement, car ce serait le signe d'un progrès immense accompli par l'humanité.

Je crois donc que la FEMME ET l'HOMME pourront seuls formuler la véritable LOI MORALE de l'avenir, et qu'en attendant cette formule définitive, la véritable expression de notre foi est celle-ci : *La* FEMME *est l'*ÉGALE *de l'*HOMME, *dans le* TEMPLE, *dans la* CITÉ, *dans la* FAMILLE.

Je crois enfin que notre conduite par rapport à ELLE doit tendre à lui faire sentir que nous l'avons complétement relevée de l'*anathème* CHRÉTIEN que le monde fait encore peser sur ELLE.

Quant à MON rôle spécial dans cette marche générale de l'APOSTOLAT, je crois qu'il m'a été très-bien désigné par VOUS; je me crois propre à être pour mes *fils* la dernière lueur de notre DOGME *éclipsé;* cependant je me sens capable de sortir quelquefois du domaine des *idées* pour faire quelques excursions dans celui de la *matière;* et il n'est pas jusqu'à des recherches *financières*, des demandes d'*argent*, que je ne fasse, quoique j'en aie très-peu l'habitude, s'il vous plaît de me les commander.

Le PÈRE. — Barrault, dis-nous quelque chose aussi.

Barrault. — Mes frères viennent de dire ce qu'ils ont été et ce qu'ils sont; je suivrai leur exemple.

Un jour que j'étais chez le PÈRE, qui alors était encore à la *caisse hypothécaire*, on discutait de graves questions. Olinde me demanda si j'avais des objections à faire; je répondis que non; à quoi Olinde ajouta que je n'en avais jamais fait, et qu'il paraissait que j'étais prédestiné à être Saint-Simonien.

Il a dit là une vérité; car depuis l'âge de quatorze ans je rêvais un rôle de législateur, de pontife, de prêtre. Aussi quand j'ai entendu parler de la doctrine, j'y suis venu sans aucune espèce de répugnance, et je ne sais pourquoi, j'ai providentiellement toujours suivi le PÈRE ENFANTIN plutôt que le Père Bazard. Obligé de me livrer à des travaux extérieurs fatigants, j'ai cependant toujours suivi la doctrine dans ses progrès, qui furent les moments les plus heureux de ma vie. Et en cela il y a eu persévérance et juste pressentiment chez moi, car j'ai toujours été religieux, et la doctrine n'avait pas encore à mes yeux un caractère vraiment religieux; mais ce pressentiment secret m'avertissait que la DOCTRINE deviendrait une RELIGION.

Aussitôt que le DOGME a été formulé, et que nous avons nettement conçu la *réhabilitation* de la MATIÈRE, j'ai parfaitement senti *DIEU;* car jusque-là j'avais plutôt été CHRÉTIEN, et je me croyais peu disposé à accueillir la *réhabilitation* de la MATIÈRE.

J'ajouterai que la doctrine que le PÈRE a produite sur l'AUTORITÉ, dans sa lettre sur le CALME, je l'avais pressentie; car une fois que j'avais admis *DIEU* tel que nous le sentons maintenant, j'avais senti la *réhabilitation* de l'AUTORITÉ, et pour moi c'était l'adoration de *DIEU* dans les hommes SUPÉRIEURS, à cette condition que les hommes SUPÉRIEURS adorassent *DIEU* dans leurs INFÉRIEURS.

Cependant le jour où le PÈRE, pressentant ses hautes destinées, avait écrit à DUVEYRIER sa lettre sur le CALME, et se posait déjà comme le chef de la doctrine, je n'avais vu là qu'une espèce de prétention. Alors je vivais éloigné de la FAMILLE; pendant six mois, je passais, à faire des PRÉDICATIONS, le temps que me laissaient les leçons que je donnais; je ne connaissais donc réellement ni le PÈRE BAZARD, ni le PÈRE ENFANTIN, et je ne voyais, en général, les membres de la DOCTRINE que les jours où, lorsque j'avais passablement prêché, ils venaient me donner leurs félicitations.

Après mon départ pour la BELGIQUE, je me sentais un peu las de ce rôle de PRÉDICATEUR; il me semblait que nous devions marcher dans une route nouvelle. A mon retour, je soulevai dans le COLLÉGE des discussions sur la nécessité de renouveler les PRÉDICATIONS. Ce fut alors que je commençai à sentir l'insuffisance de BAZARD pour diriger la doctrine; j'éprouvai dans cette circonstance un froissement qui fut pour moi un éclair. Je voulais que l'on donnât au public, par les PRÉDICATIONS, un *enseignement* plus net, plus précis, plus clair, je disais qu'il fallait donner VIE à la *parole* SAINT-SIMONIENNE. Je ne fus compris que par le PÈRE ENFANTIN; et lui se fit comprendre en posant alors la question dans des termes différents; il parla des FEMMES, exposa la nécessité de faire un appel aux FEMMES, de se faire comprendre d'ELLES, ajoutant que la voix de la FEMME aurait seule la puissance d'attirer des masses d'HOMMES à nous. Le PÈRE BAZARD, lui, nous disait que nos PRÉDICATIONS étaient trop vagues, parce qu'elles n'étaient pas suffisamment appuyées sur les *témoignages du passé*; il prétendait que nous perdions nos titres aux respects que précédemment notre science nous avait attirés, et qu'il fallait revenir à nos anciennes PRÉDICATIONS *historiques*, véritables *enseignements*. Enfin ces mots de *clarté* et de *précision* étaient interprétés par lui dans leur acception DOGMATIQUE, tandis que ma pensée que le PÈRE ENFANTIN avait parfaitement saisie, était que nos PRÉDICATIONS n'allaient pas au CŒUR, et qu'ainsi nous ne marchions pas vers un langage POPULAIRE, vers la parole APOSTOLIQUE. Je le répète, cette circonstance fut un éclair pour moi.

Quant aux *théories* qui ont provoqué la crise, ma foi constante dans le progrès de l'humanité m'a empêché de douter des heureux résultats de cette évolution. Absent d'ailleurs de PARIS, lors des débats les plus orageux, je n'ai pu prendre ma part des déchirements auxquels mes FRÈRES ont été exposés; mais le PÈRE se rappellera, je le pense, combien j'ai compris les profondes douleurs qui étaient dans son cœur; peut-être à la manière dont je lui ai pressé la main, l'a-t-il senti.

A mon retour de METZ, instruit des violents débats qui avaient eu lieu dans le sein du COLLÉGE, j'espérais cependant que la *division de travail* projetée calmerait ces dissensions intestines; mais il n'y avait plus moyen ; il s'agissait d'une conception nouvelle de l'APOSTOLAT.

Le PÈRE a été proclamé chef; je me suis immédiatement rallié à lui ; je n'ai pas discuté le moins du monde les *théories* du PÈRE; j'attendais leur complet développement. J'ai beaucoup souffert pendant cette crise, mais cette souffrance était indépendante des théories; et d'ailleurs je dois dire qu'après avoir entendu vos enseignements, PÈRE, j'adopte entièrement, sans aucune restriction, vos *théories*, en attendant que la FEMME ait parlé.

PÈRE, j'ai si souvent exprimé mon amour pour vous, et je pense d'ailleurs que je viens de le faire sentir encore, que je crois, pour ainsi dire, avoir le privilége, lorsque TOUS disent leur affection pour vous, de me taire.

Quant à ma foi en *DIEU*, en vérité je me crois également en droit de garder le silence; j'ai assez prêché à tous le nom et les attributs de notre *DIEU*, pour n'avoir rien à ajouter à des professions de foi si diverses et si fréquentes.

Mais avant de terminer, j'ai besoin de dire à mon FRÈRE MICHEL, combien je sympathise avec la manière dont il a exprimé la nécessité de prendre un langage de PAIX et de CONCILIATION, si conforme à l'esprit de notre foi. Je veux dire à MICHEL que je l'ai toujours compris, que j'ai toujours senti les progrès qu'il accomplissait et faisait accomplir, alors qu'on ne les appréciait pas toujours suffisamment. Si la doctrine a pris une attitude PACIFIQUE, MICHEL, qui était, dans le *Globe*, l'organe de ce besoin, nous a précédés tous dans cette nouvelle direction, je suis bien aise de l'en glorifier.

L'organisation du CULTE m'a paru depuis longtemps le besoin pressant de la doctrine; je le sentais si vivement que dans mes dernières PRÉDICATIONS, avant de quitter PARIS, j'avais cherché, par tous les moyens possibles, à remuer cet auditoire qui me paraissait immobile, à lui faire donner signe de vie, même par des cris, plutôt que de le voir mort comme il était.

Aujourd'hui notre mission est nettement posée : *organisation* du CULTE et de l'INDUSTRIE, *appel* des FEMMES; telle est notre œuvre.

Le PÈRE est pour moi la LOI VIVANTE, je me sens indissolublement lié à lui pour l'œuvre glorieuse à laquelle *DIEU* nous a destinés.

Le PÈRE. — MES ENFANTS, après-demain nous nous réunirons encore, et continuerons ce que nous avons commencé aujourd'hui. Déjà, je pense, nous nous connaissons mieux, et nous nous aimons davantage.

DIXIÈME ENSEIGNEMENT

VENDREDI 16 DÉCEMBRE 1831, SALLE TAITBOUT

Le PÈRE. — MES ENFANTS, Je vous ai dit dans la dernière réunion que nous avons eue, rue Monsigny, que plusieurs d'entre vous n'avaient pas encore de FONCTIONS, et que ceux-là devaient, le plus promptement possible, en choisir une, afin de rendre tous les services qu'ils doivent à notre œuvre. Je me suis même expliqué avec quelques-uns, que j'avais appelés, le soir, auprès de moi, sur la manière dont je concevais la nouvelle forme que devait avoir parmi nous, aujourd'hui, l'*élection* relative à ces FONCTIONS nouvelles.

Jusqu'ici nos *élections* ont été faites selon une règle, pour ainsi dire, aveugle, quant à la distribution des FONCTIONS. Elles étaient basées ordinairement sur un titre étranger à la *division de tra-*

vail par *spécialités;* et toutefois elles étaient déterminées par un motif très-important, quant à l'ordre *général*, puisque nous examinions, pour les faire, l'affection que l'on portait à la doctrine, l'activité qu'on y déployait; mais, je le répète, nous ne tenions pas compte des qualités *spéciales*, qui correspondent à des FONCTIONS *particulières;* aussi êtes-vous divisés par *degrés* et non par FONCTIONS. Notre hiérarchie est *régulière*, mais elle n'est pas VIVANTE, ou du moins elle porte le cachet de *collectisme* et non celui de l'*individualité;* dans cette *graduation*, en quelque sorte *mécanique*, nous avons écouté beaucoup plutôt NOTRE inspiration que la VÔTRE, ce qui donne à notre FAMILLE le caractère d'un *ordre* selon l'AUTORITÉ, bien plus que celui d'une *association* selon la LIBERTÉ.

Plus nous avancerons dans la voie nouvelle, plus vos PÈRES auront besoin d'appuyer LEURS résolutions sur les VÔTRES, d'attendre même vos inspirations, pour concevoir des *élections* nouvelles; c'est donc pour constituer parmi vous ce nouveau mode d'*élection*, que je vous ai appelés à faire vos PROFESSIONS DE FOI, et particulièrement que je vous ai demandé comment *chacun* de vous sentait *sa* mission. C'est dans le même but que je vous ai recommandé de vous *confesser* à vos PÈRES, car la *confession* est une demande de classement *personnel*, et c'est aussi la forme sous laquelle vos PÈRES peuvent le mieux apprécier les qualités *propres*, la *vocation de chacun* d'entre vous.

En général le *supérieur* doit indiquer ce qu'IL VEUT faire, plutôt qu'il ne doit donner à chacun la part de l'œuvre que chacun doit accomplir, et c'est même ce qui constitue sa supériorité légitime, ce qui distingue l'AUTORITÉ nouvelle du despotisme. Il exprime en termes *généraux* ce qu'il désire, ce qui est à faire, et chacun répond, en exprimant, par des termes *particuliers*, le rôle *spécial* qu'il croit pouvoir remplir utilement dans l'œuvre COMMUNE.

Mais jusqu'ici, nous nous sommes si exclusivement occupés, dans nos réunions, des idées nouvelles sur la MORALE, et de l'appel aux FEMMES, que vous savez beaucoup mieux ce que j'attends de vous, et aussi ce que vous pouvez faire sous ce rapport, que vous ne connaissez mes désirs, quant à l'organisation du CULTE et de l'*industrie;* il vous manque donc un élément indispensable pour vous diriger dans le choix de vos FONCTIONS.

C'est ce qui m'a engagé à suspendre, pour aujourd'hui, les PROFESSIONS DE FOI, et à vous dire quelques mots sur cette face importante de notre vie actuelle.

Je vais donc vous donner un aperçu rapide de ce que nous avons à faire pour préparer l'organisation *industrielle* et pour fonder notre CULTE. Et rappelez-vous ce que je viens de vous dire sur l'*élection*; je vais exprimer en termes *généraux* ce que nous avons à faire, afin de vous mettre tous en position de choisir votre rôle *spécial* dans l'œuvre *générale*.

La voie où nous entrons diffère essentiellement de celle que jusqu'ici nous avons suivie. Dans la direction *pratique* qui s'ouvre devant nous, nous aurons d'autres travaux à faire, par conséquent d'autres FONCTIONS à créer que dans la phase théorique qui vient de s'accomplir. Vous verrez aujourd'hui dans le *Globe* un article qui est une première indication de cette direction nouvelle[1]. Transon, qui s'occupe spécialement et depuis longtemps de ces idées, vous donnera en particulier quelques développements; mais, je vous le répète, je vais vous les exposer en termes généraux.

Nous avons commencé à nous mettre en rapport

1. Notre politique nouvelle. — Les ingénieurs, les banquiers. — Visite aux banquiers. (*Globe* du 16 décembre, article de Michel.)

avec la classe OUVRIÈRE; d'un autre côté, depuis quelques jours, nous nous sommes rapprochés des BANQUIERS; et enfin, depuis longtemps déjà, depuis que notre existence a quelque renom, nous avons attiré à nous spécialement une classe de jeunes hommes qui se sont occupés jusqu'ici de l'application de la *science* à l'*industrie*, je veux parler des INGÉNIEURS. Or, dans ces trois termes de la vie *industrielle*, BANQUIERS, INGÉNIEURS, OUVRIERS, se trouvent renfermées toutes les conceptions d'ordre *industriel*.

Le BANQUIER, aujourd'hui, a une existence sociale bâtarde, par rapport à celle qu'il aura un jour, puisqu'il est actuellement l'intermédiaire entre le TRAVAILLEUR et le capitaliste OISIF, fonction qui n'a pas de sens pour l'avenir. Toutefois il importe de considérer sa valeur dans la société actuelle, dans la POLITIQUE actuelle.

Évidemment tout ce qu'il y a de POLITIQUE dans l'*industrie* se résume aujourd'hui dans le BANQUIER, bien plus que dans l'INGÉNIEUR; quant à l'ouvrier, il n'y figure pas encore. Remarquez que je prends le titre d'INGÉNIEUR dans son acception la plus large; je n'entends pas seulement par ce mot les hommes qui sortent de l'*École polytechnique*, et qui sont employés dans les *ponts et chaussées*, les *minés*, etc. ; j'entends tous ceux qui enrichissent l'humanité d'une *création* nouvelle de machine ou instruments de production. Les INGÉNIEURS, dis-je, sont bien plus éloignés que les BANQUIERS, sinon de comprendre leur importance SOCIALE, POLITIQUE (j'aime mieux ce dernier mot), du moins de la faire admettre par la société. Ainsi il nous est bien plus facile de nous faire comprendre, lorsque nous parlons de l'importance POLITIQUE *actuelle* des BANQUIERS, que si nous annonçons, même pour l'*avenir*, l'importance POLITIQUE des INGÉNIEURS ; car l'on sent déjà, par le vote du *budget*, et par les *emprunts*, le rôle que peuvent jouer les BANQUIERS dans les affaires PUBLIQUES. Cependant il suffit de considérer l'INGÉNIEUR comme *concepteur* et *directeur* de travaux *industriels* pour sentir son importance POLITIQUE, dans une société *pacifique industrielle*.

Or, le jour où nous pourrions présenter une œuvre *industrielle* d'une grande utilité, avec l'appui d'un personnel nombreux d'INGÉNIEURS, et d'une masse d'OUVRIERS animés de notre foi, donnant ainsi, d'une part, la garantie d'une habile et prompte exécution, et de l'autre la preuve de notre puissance d'ordre au milieu des classes OUVRIÈRES, ce jour-là il serait bien difficile que le moyen *ma-*

tériel d'exécution, c'est-à-dire l'*argent*, ne nous vînt pas; ou en d'autres termes, que les BANQUIERS, qui sont les détenteurs des *capitaux*, n'en livrassent pas aux INGÉNIEURS, pour faire exécuter par nos OUVRIERS leurs conceptions *industrielles*.

Sous cette forme même, vous voyez que la conception d'un large plan *industriel*, qui serait ou la réforme d'une branche de l'exploitation du GLOBE, ou un progrès neuf et vaste dans les *communications* entre les hommes, prendront rapidement un caractère POLITIQUE aux yeux de TOUS, non-seulement aux yeux des *travailleurs*, mais à ceux des *oisifs*, et à ceux du *Gouvernement* lui-même, car cette vaste entreprise donnerait un emploi pacifique et productif à la CLASSE LA PLUS PAUVRE ET LA PLUS NOMBREUSE qui effraye tant aujourd'hui, et à juste raison, les *oisifs* et le *gouvernement;* on mettrait ainsi cette masse de PROLÉTAIRES, que l'on ne sait que décimer par la guerre lorsqu'on redoute leur grand nombre, et pour lesquels on ne sait *que gémir* quand ils se plaignent, on mettrait, dis-je, les PROLÉTAIRES sous la direction d'hommes instruits, qui sauraient en même temps les MORALISER. Enfin une pareille conception aurait un caractère POLITIQUE, car elle constituerait l'*armée pacifique des* TRAVAILLEURS.

Alors, en nous présentant aux *capitalistes* pour leur demander de l'*argent*, nous aurions auprès d'eux d'autres titres que ceux que nous avons aujourd'hui; et en effet, aujourd'hui nous ne pouvons avoir aucun titre à la confiance d'hommes d'*argent*. Il est possible que quelques-uns nous considèrent comme une association PHILANTHROPIQUE et RELIGIEUSE, mais ce ne sont pas là des mots qui aillent à leur cœur, à leur bourse; et certainement aucun d'eux ne s'approcherait de nous dans un but *intéressé*. Jusqu'ici, lorsque nous nous sommes approchés de *capitalistes*, ce n'a point été en leur qualité d'hommes d'*affaires*, de *prêteurs* employant leurs fonds à des travaux *productifs*, de commerçants voulant toujours *gagner* sur tout ce qu'ils font, d'hommes d'argent, en un mot; c'est en les considérant comme des hommes au cœur large et généreux, aux vastes sympathies; enfin c'est en les regardant comme des HOMMES, et non comme des *capitalistes;* or, nous devons développer chacun *selon sa capacité*, nous avons donc un grand progrès à faire dans nos relations avec eux.

Il faut que nous soyons en mesure (et c'est ainsi que nous pourrons concevoir d'une manière large notre développement *industriel*), de déterminer à venir à nous les hommes qui ont pour qualité prédominante d'être *intéressés*, les hommes d'*argent*, comme nous avons jusqu'ici attiré à nous ceux qui avaient pour qualité prédominante d'être des PHILANTHROPES *dévoués*, et des hommes de *science*.

Et d'ailleurs il y a deux manières de concevoir notre développement *industriel*, l'une en commençant par les classes *inférieures*, l'autre en s'attaquant aux *sommités* sociales; nous n'avons jusqu'ici employé que la première méthode; nous avons groupé autour de nous et relié entre eux quelques pauvres TRAVAILLEURS, pour en former des associations d'*ouvriers*, aussi avons-nous toujours été entravés dans notre œuvre, car nous avions des TRAVAILLEURS et pas de *travaux* à exécuter; nous manquions dès lors de l'élément nécessaire pour consolider fortement nos associations qui n'étaient que des groupements de familles ouvrières, sans but *financier*, sans plan *industriel*, rassemblées mais non pas unies.

Toutefois ces essais ont eu une assez grande valeur, parce qu'ils donnent un témoignage irrécusable de notre amour pour l'*ordre* et la *paix*, et de notre PHILANTHROPIE; ils ont eu en un mot une haute valeur MORALE, mais ils ne prouvent absolument rien quant à notre puissance *industrielle;* ils n'ont même, aux yeux du public, de valeur MORALE que parce qu'on regarde comme un acte MORAL de faire l'*aumône*, et qu'on suppose que nos associations d'*ouvriers* sont simplement des œuvres de PHILANTHROPIE *aumônière;* et d'ailleurs, je le répète, même pour nous, ces associations sont sans valeur *industrielle.*

Aujourd'hui songeons donc à la seconde forme du développement *industriel;* nous avons commencé par les OUVRIERS, occupons-nous des BANQUIERS; mais pour bien vous faire saisir comment je conçois ces relations nouvelles, et en même temps quel doit être le caractère vraiment RELIGIEUX de la phase actuelle, je sens le besoin de transformer tout ce que je viens de dire; j'ai parlé d'*industrie,* parlons du CULTE.

Souvent nous avons fait des rêves sur le monde futur, nous avons tous imaginé les *formes* de la société à venir, et ces rêves nous ont été utiles, pour comprendre ce que, dans le moment même, nous avions à faire pour les réaliser. Qui de vous ne s'est pas demandé quelles seraient les *cérémonies* du CULTE, les *chants,* les *prières,* les *costumes;* comment seraient bâtis les *temples* et dessinées les *villes;* en un mot nous nous sommes fait une foule de questions d'ART qui traduisaient notre pensée POLITIQUE et RELIGIEUSE en *formes,* en *sons,* en *couleurs;* car l'artiste dit sa croyance POLITIQUE, écrit sa foi RELIGIEUSE, aussi bien avec des *couleurs*, des *sons* et des *formes*, qu'avec des phrases et des discours.

Et cependant ces rêves d'ART ne sont encore que des élucubrations *théoriques*, et ne nous sont que d'un faible secours dans notre phase *pratique;* car, éloignés du milieu inspirateur de la *forme* nouvelle, et plongés au contraire dans un monde d'*idées*, de *choses* et d'ÊTRES si différent de l'avenir, nous sommes obligés de créer tout, et le milieu et son *symbole*.

Tandis que lorsque nous accomplirons dans de larges proportions des *actes* conformes à notre foi, de toutes parts naîtra, pour ainsi dire, instinctivement, la *forme* de l'*instrument* du TRAVAIL, et celle du *costume* du TRAVAILLEUR. Alors surgira le *temple* et s'asseoira la *ville*, alors l'entourage POÉTIQUE de toute la vie sera merveilleusement donné par *DIEU* au TRAVAILLEUR.

Ainsi, lorsqu'au théâtre un acteur s'est pénétré de l'esprit de son rôle, il compose son *costume* et se fait un *verbe* et un *geste* que son cœur lui inspire; mais nous qui n'avons pu entrevoir que de loin les grandes scènes du drame de l'avenir, nous qui n'avons pu lire encore que les grosses lettres du livre des destinées humaines, dès que nous voulons entrer dans les détails de la vie du nouveau monde, dès que nous voulons distribuer les rôles divers du grand drame, nous sommes arrêtés; il nous manque trop de choses pour concevoir les *œuvres* que chacun devra accomplir; la lumière de l'avenir répand un trop faible jour sur les *actes* que, dès à présent, nous devons faire pour l'atteindre.

Mais lorsque, entourés d'un grand nombre d'hommes vivant de notre vie, nous pourrons mettre la main à une *œuvre* large; lorsque, sous l'inspiration de la foi nouvelle, d'immenses *travaux* pourront s'exécuter, alors nous puiserons à chaque instant, dans ces travaux mêmes, la révélation des innombrables *formes* de la société nouvelle.

Pour marcher dans cette voie, il nous faut un PERSONNEL nouveau, mais, je vous l'ai dit, nous connaissons déjà la source où nous devons puiser. C'est dans la jeunesse livrée à l'application de la *science* à l'*industrie* que nous trouverons les membres *actifs* de ce CLERGÉ nouveau. Déjà nos relations avec ces hommes sont intimes et nombreuses; beaucoup nous aiment et osent le dire; beaucoup aussi, soyez-en sûrs, n'attendent que le moment où nous pourrons leur donner l'emploi de leur vie, pour venir à nous; beaucoup, nous pouvons le dire hardiment, car leur motif est légitime à nos yeux, ne professeront hautement notre foi, qu'au moment où nous pourrons donner satisfaction à leur *intérêt*, et, disons le mot, à leur *égoïsme;* je le répète, à leur égoïsme, car l'une des portions de l'humanité ne marche qu'à cet appel; car l'une des faces de *DIEU* nous parle ce langage, car l'*abnégation* n'est pas la seule vertu qui détermine à consacrer une vie à la réalisation des destinées humaines.

Que tous nos efforts tendent donc à nous rapprocher du moment où nous pourrons faire avec confiance un appel aux hommes de cette nature ! BANQUIERS, INGÉNIEURS, OUVRIERS, il faut que nous leur fassions sentir que nous avons le secret des *richesses* futures, comme nous avons celui de la MORALITÉ et de la *science* de l'avenir. Il faut que nous leur inspirions la ferme conviction que leur réponse à notre appel ne fera naître pour eux aucun regret.

Des réunions spéciales et une correspondance très-active, vont être établies pour accroître nos relations avec les hommes de *science* et d'*industrie*, avec les INGÉNIEURS; TRANSON, LAMBERT, FLACHAT et MICHEL sont spécialement chargés de cette œuvre.

Nos enseignements publics vont complétement

changer de forme; jusqu'ici nous étions des *docteurs*, et nous avions très-sagement pensé que des *docteurs*, faisant un appel, devaient employer l'attrait de la *discussion* pour remplir leurs salles d'*enseignement*. Aujourd'hui n'*enseignant* plus une *science* nouvelle, mais ANNONÇANT une MORALE nouvelle, nous ne pouvons plus *discuter*, nous devons PRÊCHER; PRÊTRES, nous ne pouvons plus recevoir des *objections* qui, sur le terrain délicat où nous sommes, feraient naître des difficultés inextricables, et des désordres et un scandale que nous devons éviter.

Ce ne sont donc plus, je le répète, des *enseignements* que nous devons faire, mais des PRÉDICATIONS, et nous devons les animer par l'entourage d'un cérémonial frappant, qui révèlera à tous notre volonté de constituer un CULTE. Plus nous avancerons, et plus nous devrons réserver la forme *doctorale* de l'*enseignement* pour des réunions particulières, composées d'individus convoqués *ad hoc*, pour des réunions conçues dans des vues *spéciales;* et même, quand nous pourrons grouper autour de nous un certain nombre d'hommes ayant une même vocation, une capacité *particulière*, notre parole prendra un caractère plus VIVANT qu'autrefois; car nous ne solliciterons plus de nos auditeurs des *objections*, mais leur *aide;* nous ne nous présenterons plus seulement à eux pour les *instruire*, mais pour recevoir leurs *propres* inspirations, enfin nous leur dirons moins ce que NOUS faisons et voulons faire, mais ce qu'ILS peuvent faire, la place qu'ILS peuvent occuper dans notre FAMILLE, le rôle que *DIEU* LEUR destine.

Déjà un *enseignement* avait été commencé sous cette forme, et il avait été institué par les ARTISTES; j'aime à le rappeler, parce qu'il est toujours bon de *réfléchir* à ce que *sentent* les ARTISTES. Il a été interrompu, parce que, dans la crise dernière qui nous absorbait, nous avons été plus occupés de régler notre *passé*, que de développer les germes d'*avenir* qui naissaient au milieu de nous; nous le reprendrons et le ferons marcher avec celui des INGÉNIEURS, afin de les fondre bientôt en un seul, unissant ainsi les deux faces de l'ART, les ARTISTES du DOGME et ceux du CULTE.

Surtout que ces noms d'ARTISTES et d'INGÉNIEURS ne préoccupent pas péniblement ceux d'entre vous qui ne sont point passés par l'*École polytechnique* ou par celle des *beaux arts*. La société critique qui nous entoure, en nommant des hommes ARTISTES et INGÉNIEURS, ne leur donne très-souvent qu'un titre vide de sens; tandis qu'au contraire beaucoup d'hommes qui ne sont pas officiellement décorés de ces titres, n'en seront pas moins les créateurs du GÉNIE et de l'ART nouveaux.

Vous le voyez, ce n'est donc plus le même sentiment qui doit diriger dans le choix des fonctions; il ne s'agit plus pour nous aujourd'hui d'*enseigner* notre foi, il s'agit de la *réaliser*, de la traduire en *actes*, de transformer notre DOGME en CULTE, de l'INCARNER; ce sont donc des fonctions *pratiques* qui vont être l'objet de la plupart d'entre vous.

Songez au jour où sera formée l'*armée pacifique des* TRAVAILLEURS; alors ce ne seront pas de petites associations de quelques ouvriers, de petites réunions de petites familles qu'il faudra diriger; ce seront des *travaux* considérables qu'il s'agira de faire exécuter par des masses de TRAVAILLEURS. Songez à ces nombreux et beaux régiments, pleins de force, de noblesse et de fierté, et voyez si vous ne voulez pas mériter les hauts grades de cette GRANDE ARMÉE.

Mais il faut vous initier à ces grades, et pour commander des TRAVAILLEURS, il faut avant tout connaître le TRAVAILLEUR, avoir l'habitude de sa vie, COMMUNIER intimement, non-seulement du fond du CŒUR, mais par une rude *pratique*, avec LA CLASSE LA PLUS PAUVRE ET LA PLUS NOMBREUSE. *DIEU* a mis providentiellement près de nous les rudiments de cette ARMÉE PACIFIQUE, il nous a envoyé NOS OUVRIERS, commencez donc par eux votre éducation *industrïelle*. Certes il vous manquera de partager leurs travaux, d'être à l'œuvre avec eux, de vivre complétement de leur vie; mais vous pouvez du moins mêler à votre vie *bourgeoise* un peu de celle du *prolétaire*. Un jour, sans doute, vous pourrez donner l'*exemple* de votre foi, au PEUPLE, dans ses *ateliers*, sur ses *chantiers*, comme vous la lui *enseignez* dans les salles *bourgeoises* où vous l'appelez actuellement; alors ce sera par les *actes* et non par les *discours* que vous vous ferez comprendre; alors aussi ces hommes auront perdu leur caractère de *salariés*, et vous, vous aurez perdu celui du *bourgeois*, du *maître;* alors ils seront ASSOCIÉS, non-seulement *entre eux*, mais *avec vous*.

C'est en les abordant avec cet espoir, que vous pourrez, dès aujourd'hui, COMMUNIER avec eux, et les conduire progressivement, et vous élever vous-mêmes jusqu'à la MORALITÉ qu'il nous faut tous avoir pour faire l'appel de l'ARMÉE PACIFIQUE DES TRAVAILLEURS. Tous alors, officiers et soldats, seront prêts à prendre place dans les rangs; tandis qu'aujourd'hui je ne sais vraiment comment un seul d'entre vous pourrait se croire digne de commander à de tels hommes, d'être *colonel* d'un de leurs *régiments*.

Ceux donc qui se sentent le plus hommes d'*action*, de *mouvement*, d'*exécution*, de *force*, ceux qui attendent avec le plus d'impatience la venue de l'ère *industrielle*, qui désirent avec le plus d'ardeur la fondation de notre CULTE, doivent méditer ce que je viens de dire. Qu'ils s'adressent à *Flachat* et à *Holstein*, afin d'être mis par eux en rapport intime avec le *degré* des *ouvriers*; et si ces relations nouvelles, entre vous et les *ouvriers*, ne constituent pas encore des fonctions bien déterminées, soyez-en sûrs, vous y puiserez un nouveau sentiment de la mission que nous avons à remplir. L'*industrie* ne sera plus autant pour vous l'objet d'une *science*, l'ÉCONOMIE POLITIQUE, ce sont les INDUSTRIELS et leurs *œuvres* et leur vie MORALE, et leurs habitudes d'esprit que vous voudrez connaître, et que vous apprendrez à aimer, plus encore que vous ne l'avez fait jusqu'ici; car votre affection pour eux n'est encore que *théorique*, il faut qu'elle soit *pratique*, qu'elle se mêle dans votre *sang*, à votre *chair*.

COMMUNIEZ donc avec eux, et voyez quels sont ceux d'entre eux qui seront prêts à répondre, lors du grand appel que nous ferons aux INGÉNIEURS et aux BANQUIERS. Cherchez surtout en eux leur valeur *industrielle*, et non, comme nous l'avons fait jusqu'ici, leur capacité *intellectuelle;* car il est facile de voir que l'immense majorité de ceux qui sont venus à nous sont, parmi les OUVRIERS, des *docteurs*, plutôt que de rudes et vigoureux TRAVAILLEURS.

N'oubliez pas surtout que la grande œuvre *industrielle* qui, plus tard, sera conçue par nous, est inséparable du besoin qui nous pousse à voir s'élever notre CULTE, que c'est elle qui en sera la première grande cérémonie. Comptez donc la *force*, l'*adresse* et la *beauté* pour beaucoup; donnez-leur la valeur que jusqu'ici vous avez donnée aux qualités de l'esprit, cherchez la *santé* avec autant de zèle que vous en avez mis à découvrir la *raison*.

Combien jusqu'ici a été incomplète, et peu en harmonie avec notre *dogme*, notre COMMUNION avec l'OUVRIER; nous avons donné des *médecins* à nos OUVRIERS : et certes nous avons bien fait; mais dans l'œuvre *médicale* qu'avons-nous fait qui concernât l'*hygiène?* rien. N'est-ce pas une preuve que nous les avons envisagés plutôt comme des malades, que comme des êtres sains et vigoureux? Oh oui nous avons bien fait de songer aux maux de LA CLASSE LA PLUS PAUVRE ET LA PLUS NOMBREUSE, car elle souffre des douleurs atroces; si cependant nous n'avions pas conscience qu'il y a dans le PEUPLE plus de force et de santé que de douleurs et de maladies, comment serions-nous certains, comme nous le sommes, qu'il est près de manifester en lui la vie nouvelle que *DIEU* lui destine? Eh bien non, nos *médecins* sont là pour *guérir* bien plus que pour *prévenir* les maladies; je le dis encore, nous avons bien fait, mais au nom de notre *DIEU* qui est *beau*, *sain*, et *fort*, faisons autre chose, faisons mieux; aujourd'hui le TRAVAILLEUR doit attendre plus de nous.

Cherchons à découvrir les besoins, les désirs du PEUPLE *robuste*, plein de *santé* et de VIE; sortons du cadre étroit qui suffit au plus généreux PHILANTHROPE, car nous sommes des hommes RELIGIEUX et nous croyons au PROGRÈS; portons donc nos regards là surtout où sont les *beaux* germes du PROGRÈS; les vigoureuses semences de l'avenir. C'est un CULTE que nous voulons; eh bien, mettons la main sur les *bons instruments* du CULTE; nous voulons un CULTE; eh bien, prenons les symboles VIVANTS de la *force* et de la *beauté*.

Je recommande encore une fois à tous ceux qui sentiront le plus vivement ce que je viens de dire, de s'adresser de suite à FLACHAT et à

HOLSTEIN, afin d'être mis à même de commencer cette sainte initiation, et de l'accomplir rapidement.

Quant aux INGÉNIEURS, aujourd'hui même j'en réunis plusieurs autour de moi, pour former le noyau dont je vous parlais tout à l'heure; ces réunions seront fréquentes. Mais, je vous le répète, ce nom d'INGÉNIEUR je le prends dans son acception la plus large; et, de même que nous avons su faire rédiger le *Globe*, journal POLITIQUE, PHILOSOPHIQUE et RELIGIEUX, principalement par des INGÉNIEURS des mines (et souvent aussi nous avons fait faire par eux nos PRÉDICATIONS); de même, il y a des hommes qui, jusqu'à ce jour, se sont occupés de tout autre chose que de faire des travaux *industriels* et de conduire des TRAVAILLEURS, qui pourtant seront tous prêts à entrer dans l'ARMÉE PACIFIQUE, et à y prendre leurs grades, le jour où nous aurons un appel à faire, c'est-à-dire une *œuvre* à entreprendre.

Que ceux d'entre vous qui se sentent disposés à se rattacher à cette forme de notre vie en manifestent le désir à TRANSON, LAMBERT, FLACHAT ou MICHEL, et d'après la manière dont ils s'exprimeront, il sera facile de juger si vraiment leur vocation est là.

Il y a ici quelques-uns des membres du *degré d'initiation*, n'est-ce pas?

(*Plusieurs voix. — Oui*, PÈRE.)

Mais beaucoup de membres de ce degré manquent.

(*Plusieurs voix. — Ils n'ont pas tous été prévenus.*)

Je sais que leur absence est involontaire; il faudra les réunir très-prochainement, aussitôt que nous aurons les feuilles imprimées des premiers *Enseignements*. Quand ces leçons vous seront distribuées, vous vous occuperez tous de les enseigner au *degré préparatoire*, à celui des *ouvriers*, et au degré d'*initiation*.

L'autre soir j'ai appelé près de moi *Massol, Ribes, Pasquier, Franconi, Ducros* et *Surbled;* tous sont hommes de *bonne volonté*, tous sont prêts à faire quelque chose, à travailler; mais, que faire? me disaient-ils. Et ils ne sont pas les seuls qui m'aient adressé cette question; presque tous les membres de la famille, en ce moment, ont l'arme au bras, et se demandent : que faire? Beaucoup ne sont pas employés autant qu'ils le voudraient, ils ne sentent pas leur vie pleine et entière dans l'œuvre APOSTOLIQUE, et en effet c'est là l'expression générale de notre état actuel, de cette situation vague, dans laquelle une grande transformation laisse toujours quelque temps un corps qui naît à une vie nouvelle. Dans la transition où nous place l'appel nouveau que nous faisons au monde, toute la famille va changer d'aspect et de place; chacun cherche donc sa forme et sa place nouvelles, et l'incertitude existe chez tous. La plus grande preuve de cette incertitude générale, c'est que moi-même je n'ai rien changé à notre ancienne HIÉRARCHIE, et pourtant il est bien clair qu'entrer dans une voie nouvelle, c'est se manifester dans un ORDRE nouveau, c'est renouveler sa HIÉRARCHIE; mais je ne l'ai pas fait, parce que l'incertitude qui existe en vous, existe aussi dans les jugements que je peux porter sur vous-mêmes; et, je vous l'ai déjà dit, l'incertitude, cette fois, ne cessera pas d'abord chez moi, c'est par vous qu'elle doit disparaître, c'est à vous d'abord à dire QUI vous ÊTES.

Au reste cet état ne saurait se prolonger beaucoup; les hommes qui n'ont pas actuellement de fonctions déterminées, qui ne sont pas ou PRÉDICATEURS ou RÉDACTEURS du *Globe*, ou DIRECTEURS *d'arrondissements d'ouvriers*, ou chargés de la CORRESPONDANCE, doivent souffrir de se sentir si peu utiles à notre œuvre, et cette souffrance leur servira d'aiguillon pour découvrir promptement ce qu'ils doivent faire.

Je crois même que lorsqu'ils seront revenus du premier étourdissement où la dernière crise vient de nous plonger, et qu'ils jetteront les yeux autour d'eux, tout près d'eux, ils s'apercevront que beaucoup de choses languissent dans notre sein, où ils pourraient jeter un peu leur vie. Par exemple ce *degré préparatoire*, qui ne donne aucun signe de vie, mort pour ainsi dire, ne peut pas toujours rester ainsi; et tant qu'on ne lui aura pas redonné un peu d'animation, il me semble qu'il y a là de quoi occuper, au moins provisoirement, bien du monde. Le *degré préparatoire* est une des portes de la FAMILLE, mais il paraît que depuis six mois cette porte est obstruée; tous ceux qui viennent y toucher, presque aussitôt désertent; sur *quatre cents* personnes qui ont été enregistrées depuis quelque temps, à peine *cent* ont assisté à la dernière réunion, et dans ce nombre, à peine en comptait-on *dix* qui manifestassent le désir de s'unir complétement à nous.

Avouons aussi que nous nous y sommes mal pris, pour attacher à nous les personnes qui venaient de si près nous voir et nous écouter. Vous savez combien déjà il est difficile de donner aux *bourgeois* le sentiment de notre mission APOSTOLIQUE, mais nous nous sommes nous-mêmes donné un obstacle de plus à vaincre, en faisant, dans notre *degré préparatoire*, un mélange de *bourgeois* et d'*ouvriers*; c'est une grosse faute que nous avons commise, et cette faute nous servira pour l'avenir; nous avons voulu *commencer* par ce qui doit *finir*, car évidemment le degré préparatoire est impuissant à UNIR, à HARMONISER des *bourgeois* et des *ouvriers*, puisque, à vrai dire, c'est là notre œuvre la plus difficile, la plus élevée, et qui résume même toute notre POLITIQUE. Hâtons-nous donc de mettre ce degré sur un pied convenable.

Mais surtout n'oubliez pas ici une recommandation que je vous ai faite en général, et qui s'applique très spécialement à ce *degré*; n'oubliez pas que, dans toute tentative de conversion, vous devez chercher d'abord à découvrir si les hommes auxquels vous vous adressez sont gens à *rester* ou à *se retirer*; il ne nous faut pas d'hommes qui *doutent* et dont on puisse *douter*, nous n'avons pas de temps à perdre. Je vous donne donc quinze jours seulement, et après ces quinze jours, je m'entendrai avec les DIRECTEURS de ce *degré*, sur la valeur des hommes qui en font partie, alors nous le réorganiserons.

J'espère que ceux d'entre vous que j'ai désignés par le nom d'hommes de *bonne volonté* ont compris ce que je viens de dire. La mission momentanée auprès du *degré préparatoire* les concerne spécialement; je compte sur eux. D'ailleurs nous aurons encore à donner des missions de ce genre. Dans l'état d'incertitude où nous sommes, MOI et vous, que nos hommes de *bonne volonté* se tiennent prêts à tout; ils n'auront pas de travail habituel, régulier, ordonné pour chaque jour, et seront nos voltigeurs, nos tirailleurs, toujours prêts à aller à la découverte, et à courir là où il y aura un coup de fusil à tirer. (*On rit.*)

Mais ce qui doit nous faire bénir l'existence de ce corps de voltigeurs, consacrés à des fonctions *passagères*, à des œuvres du *moment*, c'est qu'il y a, dans ce moment, une chose fort importante qui nous manque complétement, je veux parler du *nerf de la guerre*, de l'*argent*, qui est le nerf de toute œuvre. Il en est bien peu parmi vous qui s'occupent de cet élément, si indispensable à notre vie; car nous ne vivons pas de nos journaux et de nos paroles; et ce n'est pas un reproche que je vous adresse; la faute en est au moins autant à NOUS qu'à vous; le fait est que nous avons été tellement occupés par l'*enseignement* des *théories* MORALES nouvelles, et par les derniers prolongements de notre crise intérieure, qu'il ne nous a pas été possible de vous entretenir, comme nous l'aurions voulu, de notre position *financière;* chose assez remarquable, nous avions dit que, dans la phase actuelle, le DOGME allait être momentanément *éclipsé*, et cependant, comme pour lui dire un dernier adieu, nous ne nous sommes presque occupés que de lui; aussi RODRIGUES n'a-t-il pas paru à nos réunions. Mais nous allons entrer dans une voie d'*enseignement* qui vous mettra plus souvent en rapport avec nos besoins *matériels*, et il est temps, car, depuis six jours, notre position sous ce rapport est excessivement grave.

(Le PÈRE prononce ces paroles en souriant.)

Je ne puis m'empêcher de sourire en vous parlant ainsi, car vraiment il est inconcevable que, nous trouvant dans une situation aussi grave, aussi critique, l'immense majorité des membres de la FAMILLE n'en sache rien. Quelques-uns peuvent l'avoir appris... dans la rue peut-être; mais dans le sein de la doctrine, il n'y a rien eu de fait pour vous éclairer sur ce point.

Dans des moments comme ceux-ci, toute la famille doit avoir les yeux tournés de ce côté, et s'occuper de cette question; c'est ce que font vos

PÈRES du COLLÉGE, qui s'en occupent exclusivement aujourd'hui; MICHEL lui-même, qui ne s'est jamais détourné un seul instant de la rédaction de son *Globe*, MICHEL est en course. Chez nous, MES ENFANTS, dans les moments du danger, il faut que tout le monde travaille aux pompes pour sauver le navire; en avant donc les hommes de *bonne volonté!*

Je vous demande d'être tout entiers à cette immense question, et de réfléchir aux deux points de vue sous lesquels on peut l'examiner; car il y a ici, comme partout, deux points de vue : *économie* dans les *dépenses* et *abondance* dans les *recettes*. Nous parlerons *économie* un autre jour, quand nous aurons quelque chose à économiser; restons aujourd'hui sur l'autre face de la question.

Dernièrement je disais à nos officiers de l'*école* de METZ, que nous devions utiliser tous nos avantages, pour accroître nos ressources *financières*, et que, sous ce rapport, ils jouissaient d'un véritable privilége. Vous portez, leur disais-je, un costume qui vous permet de faire ce que personne, dans la FAMILLE, ne peut faire. Un *militaire* qui demande de l'*argent*, est à l'abri d'une foule d'objections et de soupçons qui pleuvraient sur un *bourgeois;* on ne saurait supposer, en voyant cinq ou six officiers du génie, revêtus de leur costume, portant l'épaulette et l'épée, demander de l'*argent*, que de pareils quêteurs soient des *chevaliers d'industrie*; tandis que le plus honnête homme du monde, quêtant en habit *bourgeois*, est fort exposé à voir sa MORALITÉ suspectée. Les mots vol, fraude, escroquerie, jurent avec le titre de *militaire*, et il n'y a pas de logique au monde capable de les associer, à moins que des preuves claires comme le jour ne viennent légitimer un aussi monstrueux accouplement.

Quant à nous qui ne portons pas l'épaulette, nous avons plus de danger à courir. Cependant notre nombre, et nos titres antérieurs, sont bien quelques garanties de notre MORALITÉ. Mais que ceux-là surtout qui n'ont eu encore dans le monde aucun grade *scientifique*, aucune réputation *littéraire*, aucune fonction *publique*, aucun *nom*, et qui peuvent plutôt dire ce qu'ils *sont* que ce qu'ils *ont été*, que ceux-là surtout se mettent en avant et payent de leur PERSONNE, qu'ils l'exposent autant qu'il le faudra, il s'agit du salut commun.

On dit quelquefois : Je ne demande pas d'*argent*, parce que je ne sais pas en demander. Eh ! raison de plus. C'est précisément parce qu'on ne sait pas en demander que très-souvent on en obtient. Ainsi l'homme qui, étranger aux affaires, a toujours craint de traiter une question d'*argent*, et n'a jamais eu besoin de solliciter pour d'autres ou pour lui-même du *crédit*, est très-souvent dans une position meilleure pour demander, comme il nous convient de le faire, de l'*argent*, que celui qui aurait une grande habitude des *négociations* des *emprunts*, des *escomptes*. Celui-ci est exposé à ce que ceux auxquels il s'adresse croient qu'en leur parlant de nous, il traite une *affaire*, une *spéculation;* or notre foi n'est pas un *commerce*, un *trafic*. Celui au contraire qui ignore comment se fait une *lettre de change*, et quelles en sont les conséquences, ne passera point pour un trafiquant, lorsqu'il demandera qu'on nous aide à améliorer le sort DE LA CLASSE LA PLUS PAUVRE ET LA PLUS NOMBREUSE.

Occupez-vous donc tous de cette partie si importante de notre œuvre; c'est une initiation qui vous manque, et qui vous fera d'ailleurs COMMUNIER plus intimement avec les vertus de l'ouvrier, car vous êtes actuellement, presque tous, pour la première fois, dans la situation où le PROLÉTAIRE se trouve chaque jour; vous ne savez pas comment vous pourrez demain, payer vos dépenses, solder votre loyer, votre boucher, votre boulanger, comment vous vivrez, et c'est là le sort quotidien du *prolétaire*, c'est là aussi qu'il montre une vertu que vous n'avez pas eu l'occasion, vous, d'exercer, et que sans doute vous n'estimez pas encore à sa valeur; le *prolétaire*, quand la journée est finie, n'a pas dans sa poche de quoi payer son dîner du lendemain, et pourtant il dort tranquille, en disant : je travaillerai.

Je vous laisse sur cette idée, et je résume seulement en quelques mots ce que je vous ai dit dans cette matinée.

Nous travaillons actuellement à préparer la COMMUNION des INGÉNIEURS, des OUVRIERS et des BANQUIERS; ceux-ci donneront l'*argent*, les autres le *travail* et le *plan* de l'œuvre *industrielle*. C'est là l'organisation de l'*industrie*, et la création du CULTE de l'avenir.

Allez donc; il s'agit de bâtir notre TEMPLE.

ONZIÈME ENSEIGNEMENT

DÉCEMBRE 1831, SALLE TAITBOUT

Le PÈRE. — *Guéroult*, tu n'étais pas ici lorsque j'ai demandé à plusieurs de mes fils, comment ils sentaient leur mission PERSONNELLE, comment ils se sentaient liés à MOI, et comment ils sentaient *DIEU*. Tous les membres du second degré étaient présents, et la plupart ont fait leur PROFESSION DE FOI; j'aurais voulu te voir à cette séance.

Guéroult. — J'étais malade.

Le PÈRE. — Il est doublement fâcheux que cela se soit rencontré ainsi; d'autant plus que toi, qui as manifesté des *doutes*, tu aurais eu besoin d'entendre les PROFESSIONS DE FOI de tes *frères*, et ils auraient eu plaisir à t'entendre dire comment tu sentais actuellement ta foi. Veux-tu la leur dire aujourd'hui?

Guéroult. — Effectivement, j'ai manifesté des doutes devant tous, je me suis retiré de cette salle dans l'une des réunions solennelles qui ont marqué les premiers pas de la DOCTRINE dans la phase nouvelle ; aussi je tiens à dire à tous quelle est aujourd'hui ma foi.

Je comprends toute l'importance du mouvement qui s'accomplit en ce moment ; je crois qu'il sera l'occasion d'un immense progrès; c'est-à-dire qu'à un APOSTOLAT fait d'une manière légère et facile, succèdera un APOSTOLAT sérieux, qui nous compromettra de telle sorte qu'il n'y aura plus moyen de reculer. Mais je crois aussi que plusieurs ne pourront supporter ce qu'il y aura de pénible et de violent dans la situation où nous nous mettons. Il y a aussi un point sur lequel je ne suis pas encore complètement édifié. Vous avez parlé de la création du CULTE et de l'organisation de l'*industrie;* certes cette œuvre n'a rien qui ne puisse me plaire ; mais je crois qu'au milieu des attaques qui vont être dirigées contre nous, elle ne saurait acquérir un grand développement. Je crois donc que ce à quoi doivent tendre surtout nos efforts, c'est à nous faire connaître, c'est à nous poser devant le monde, beaucoup plus qu'à nous agrandir par notre influence sur *l'industrie* ou par des essais de CULTE.

Du reste ceci ne forme pas une difficulté pour moi, et j'accepte entièrement la phase actuelle ; je la crois utile, et dans ce mouvement, ni MA personne, ni MON amour ne vous manqueront.

Toutefois je ne sais vraiment pas, dans cette phase, quelle place est la MIENNE ; je cherche à me mettre dans toutes les fonctions ; je me suis, pour ainsi dire, ajusté comme surnuméraire à toutes ; mais je n'ai pas pu trouver encore ma place. Je souffre donc, au milieu de ce qui se passe, de ne pas savoir ce que j'ai à y faire, car je ne veux pas être spectateur désintéressé. Si je ne puis rien faire pour le moment, si mon rôle est un rôle d'incertitude, je n'en ai pas moins la foi la plus complète dans le mouvement que vous avez opéré.

LE PÈRE. — J'ai besoin, pour faire mieux comprendre ce que tu as dit sur MOI et sur NOTRE œuvre, que tu ajoutes comment tu sens *DIEU*. Ce que je n'ai pas saisi dans l'expression de ta foi, c'est son caractère RELIGIEUX ; je n'ai pas vu comment tu sentais l'UNION indissoluble du Moi avec le NON-MOI, de *toi* avec NOUS, de NOUS avec TOUS.

Ainsi tu as commencé par signaler les *dangers* du mouvement actuel, tout en disant ta foi dans l'homme qui l'a provoqué et le dirige ; tu as même exprimé cette foi avec amour ; mais enfin tu as beaucoup plus parlé d'*inquiétudes* et de *douleurs*, que de *tranquillité* et de *joies* : je sais bien que, n'étant pas occupé comme tu voudrais l'être, n'ayant pas encore trouvé, malgré toutes les recherches, la FONCTION qui convient à ta vie, tu dois PERSONNELLEMENT souffrir, et je conçois que cette impuissance momentanée te fasse verser quelques larmes; mais, je te le répète, je ne vois pas là un véritable sentiment RELIGIEUX, qui aurait fait succéder à ta parole de tristesse une parole d'espoir et de joie; car enfin tu penses bien quelquefois que l'avenir te nommera comme l'un des fondateurs, comme l'un des premiers apôtres de la foi nouvelle, et il y a là de quoi adoucir bien des douleurs.

Guéroult. — J'ai toute confiance dans le mouvement qui s'accomplit; je sais que nous allons vers l'humanité; j'ai aussi toute confiance en vous. Quant au sentiment RELIGIEUX entier, complet, je ne l'ai pas, et ne l'ai jamais éprouvé, en raison même de l'incertitude où je suis sur ma propre vocation. Car, si d'une manière *générale*, *sociale*, je sens *DIEU*, INDIVIDUELLEMENT je le cherche et ne l'ai pas encore trouvé; voilà ce qui donne à ma foi le caractère de tristesse et de douleur.

Le PÈRE. — Crois-tu que les hommes qui sont ici, et qui t'entourent, aient dévoué leur vie à autre chose qu'à un APOSTOLAT *social?*

Crois-tu que NOUS tous, qui n'avons pas encore,

dans notre monde nouveau, des joies et des affections *intimes*, et qui les attendons de l'avenir, NOUS ne devons pas, pour cela même, nous sentir *surtout* attachés, liés, reliés à TOUT ce qui nous entoure, HOMMES et FEMMES, au MONDE entier, nous qui ne pouvons encore fixer spécialement sur tels ou telles notre affection *privilégiée?*

Crois-tu, en un mot, que *nous* tous qui sommes pour ainsi dire encore *isolés* sur la terre, ne sentions pas d'une manière puissante le lien universel qui nous unit à ces hommes, à ces masses, à ces mondes qui gravitent autour de nous?

Et n'y a-t-il pas là, dis-moi, de quoi donner une existence heureuse et large, une vie RELIGIEUSE?

Mais tu as dit aussi que la phase où nous entrons te paraissait encore obscure, sous ce rapport que le CULTE et *l'industrie* ne te semblaient pas pouvoir se développer par elle comme nous l'avons annoncé. Alors tu n'as donc pas la foi que notre parole doit renouveler tout ce qui est, que nous avons mission de donner à la terre une autre culture et de changer la face de l'homme, que nous avons puissance, nous APÔTRES, de transfigurer l'humanité et de transformer le monde?

Si tu *doutes* de cette puissance, je ne sais vraiment ce que tu *crois*. Ainsi, d'une part, je n'ai pas vu dans ce que tu nous as dit quel lien puissant d'amour t'attache aux *hommes;* et de l'autre, quel est celui qui te relie à la NATURE. Et en effet, si tu possédais ce double lien, je ne concevrais pas ce que tu *cherches*, lorsque tu dis : je cherche *DIEU;* car le voici DIEU, je viens de dire ce qu'*IL* est. Si au contraire ta foi sur ces deux points est altérée, je conçois ton impuissance actuelle et la douleur qu'elle te cause; mais prends garde! dans une position pareille, ce n'est pas même NOTRE *DIEU* que tu *cherches*, c'est le *DIEU* des CHRÉTIENS, car tu ne sens pas que tu es dans un monde que tu aimes et qui t'aime; tu te retranches en TOI, et tu t'aimes seul, craignant de ne pas trouver dans les autres l'amour que tu voudrais qu'ils te donnassent, ni en toi-même tout celui que tu voudrais leur donner. Tu es dans une situation critique qu'il faut faire cesser.

Je ne te demande rien pour aujourd'hui; mais encore une fois, je regrette que tu ne te sois pas trouvé ici l'autre jour, pour entendre l'expression de la foi de plusieurs de tes *frères;* cela t'aurait fait du bien. Je vais encore en interroger aujourd'hui quelques-uns devant toi, et tu vas voir comment ils sentent *DIEU*, l'HUMANITÉ et le MONDE.

Guéroult. — Si je n'avais pas foi que les hommes

avec lesquels je suis, ont puissance de transformer l'HUMANITÉ, je ne serais pas ici.

Le PÈRE. — Mais quelle est ta foi en TOI?

Guéroult. — Moi, je ne me connais pas, je me cherche... Le mouvement actuel n'a pas de joies *personnelles* pour moi, c'est par *devoir* que je m'y associe, mais non parce que j'y trouve le *bonheur*.

Le PÈRE. — *Guéroult,* je croyais que tu avais déjà senti qu'il y avait autre chose qu'un *devoir* entre TOI et MOI.

Guéroult. — Oui de VOUS à MOI...

Le PÈRE. — Je dis de TOI à MOI.

Guéroult. — De VOUS à MOI et de MOI à VOUS.

Le PÈRE. — N'as-tu pas senti aussi qu'il y avait plus qu'un *devoir* entre LAMBERT et *toi?*

Guéroult. — Aussi vous ai-je dit qu'il y avait dans la DOCTRINE des hommes et même beaucoup (et cela m'a été révélé par l'absence de ceux qui se sont retirés de vous), qu'il y avait, dis-je, des hommes avec lesquels je me tiens lié par des liens d'affection indissolubles; ce sont, pour ainsi dire, les seules affections de ce genre que j'éprouve aujourd'hui; je suis donc, en quelque sorte, enveloppé dans un mouvement qui m'entraîne, car hors d'ici je ne saurais où porter ma vie.

Le PÈRE. — Partout ailleurs, non-seulement

tu t'ignorerais comme ici, mais tu serais inconnu de tous, étranger pour tous, tu serais perdu dans la foule.

Guéroult. — Aussi je dis que ma foi est complète, inébranlable, mais elle est douloureuse.

Le PÈRE. — D'EICHTHAL, dis-nous ta foi.

D'EICHTHAL. — PÈRE, vous savez que depuis quelques jours je suis un peu souffrant, plus MORALEMENT que *physiquement ;* ce jour n'est pas celui que j'aurais choisi pour exprimer devant vos FILS et devant VOUS ma foi RELIGIEUSE...

(*Après un moment de silence*),

Mais enfin.....

(*Il s'arrête encore et regarde* TALABOT, *qui est près de lui.*)

TALABOT. Il faut que je t'embrasse, cela me remettra un peu.

(*Il embrasse* TALABOT.)

PÈRE, je vous remercie de l'occasion que vous me donnez de me manifester devant vos FILS ; car jusqu'ici VOUS avez pu m'apprécier plus que mes *fils* ne l'ont fait. Je suis l'homme du *supérieur* plus que celui de l'*inférieur*. Tâchons aujourd'hui de me faire connaître à eux.

Vous nous avez demandé à tous comment nous sentions NOTRE destinée, comment nous VOUS sentions, et comment nous sentions *DIEU.*

PÈRE, avant de parler de MA destinée à *venir*, je ferai comme mes FRÈRES, je parlerai de ma destinée *passée.*

Elle fut très-singulière; j'ai eu dans ma vie beaucoup de *variations* successives, dans le *temps* comme dans l'*espace;* j'ai été, je puis le dire, l'homme de la *variation*, mais de la *variation* PROGRESSIVE.

J'ai eu pour destinée d'avoir successivement toutes les grandes FOIS RELIGIEUSES de l'humanité. Je suis JUIF de naissance, j'ai eu la foi JUIVE. A quatorze ans je me suis fait CATHOLIQUE, et j'ai eu la foi CATHOLIQUE la plus ardente. A dix-neuf ans j'ai embrassé la foi SAINT-SIMONIENNE, telle que AUGUSTE COMTE me la donnait; ce n'était certes pas une foi RELIGIEUSE, et pourtant dès lors je croyais à la destinée PROGRESSIVE de l'humanité, que COMTE m'enseignait. Enfin, PÈRE, au bout de six années de cette foi incomplète, je VOUS ai rencontré, et VOUS m'avez converti à la foi RELIGIEUSE nouvelle.

(D'Eichthal s'arrête encore un instant, il est très-ému et souffrant.)

Je suis bien faible en ce moment, PÈRE, laissez-moi vous embrasser.

Le PÈRE (*en l'embrassant*). — Repose-toi.

D'*Eichthal*. — Oui, je parlerai plus tard... Je ne pourrais continuer en ce moment.

(Il sort.)

Le PÈRE. — *Massol*, veux-tu nous dire ta PROFESSION DE FOI ?

Massol. — PÈRE, je vais dire qui je suis, et comment je sens la doctrine, mais je dirai d'abord quelques mots sur mon passé.

J'ai reçu une éducation excessivement sévère. Jusqu'à l'âge de quinze ans j'ai été élevé dans la foi CHRÉTIENNE ; alors je me fis, comme tout le monde, un système PHILOSOPHIQUE *à moi*. Je suis resté jusqu'à dix-neuf ans dans ma famille ; mon père étant instituteur, j'avais la même profession que lui. Jusque-là ma vie se passa dans ce que j'appellerai le désert du foyer domestique.

Tout à coup je fus transporté au milieu d'une société d'êtres complétement débauchés. Cette fréquentation produisit sur moi une impression profonde. Là se trouvait un homme dont la FOI était l'ATHÉISME le plus complet, et je m'abstenais de lui exprimer ce que je pensais de lui, car il me faisait horreur. Un jour pourtant, dans ma conversation, je me sentis ébranlé par ses raisonnements, quoique je fusse atterré par la doctrine morale qu'il soutenait ; il n'admettait ni vices ni vertus, et poussait la logique jusqu'aux dernières conséquences. Je frissonnai d'horreur de me trouver en face d'un homme qui avait des principes semblables, et pourtant je revenais sans cesse à cet homme qui prenait un indéfinissable ascendant sur moi, j'y revenais pour discuter avec lui.

Malgré l'influence de cet homme, malgré la société dont je viens de parler, je ne pouvais me défaire du sentiment MORAL qui m'animait et qui m'avait été transmis par ma famille. Mais alors il se passa un événement qui me frappa au dernier point.

Un jeune homme qui passait pour fou, et qui nous servait, pour ainsi dire, d'amusement, assassina son oncle. On m'annonça brusquement cette nouvelle, elle opéra sur mon esprit un ébranlement qui me jeta dans un état affreux. Il me semblait que, par mes liaisons avec ces hommes qui m'avaient presque atteint de leur ATHÉISME, et qui lançaient sans cesse le blasphème contre *DIEU*, j'étais propre à devenir un homme de cette sorte. Je restai quelque temps sous le poids de cette idée accablante ; c'était chez moi une espèce de monomanie ; aussi pendant une année que dura cet état cruel, ai-je plus d'une fois rêvé le *suicide*.

Pendant un an j'ai cherché dans les ouvrages de PASCAL surtout à rassurer ma conscience ébranlée.

J'avais alors commencé mon cours de droit, mon père vint à PARIS, et il m'y mena avec lui pour y achever mes études.

Quelque temps après mon arrivée, j'entendis parler de la doctrine, c'est *Colin* qui m'en parla le premier.

J'étais venu à PARIS avec la ferme résolution de m'occuper exclusivement de mon droit, et de laisser de côté tout ce qui y serait étranger. Quand *Colin* me parla de la DOCTRINE, je ne voulus donc pas m'en approcher, dans la crainte de me détourner de cette résolution. Cependant j'y suis venu; j'ai d'abord beaucoup ri de la DOCTRINE; mais un jour un *Saint-Simonien* m'entraîna, pour ainsi dire, à un enseignement de la *rue Monsigny;* là je vis le PÈRE d'EICHTHAL qui me parla quelques instants en particulier, puis m'entraîna encore à la chambre du PÈRE DUVEYRIER, et me fit lire, PÈRE, votre lettre sur le CALME. Cette lettre, je ne l'ai pas comprise, je n'y voyais qu'une expression d'amour extraordinaire, et toutefois j'y trouvais quelque chose qui me faisait rêver; je sentais vaguement qu'il y avait là quelque chose de grand, de sublime. Au bout de quelque temps je demandai au PÈRE DUVEYRIER de me la faire relire; il me la prêta, je la copiai, je la lus et relus; mais je ne pouvais encore la comprendre; et cependant les idées qu'elle renfermait m'agitaient. Ce fut alors, et par hasard, que l'ÉVANGILE et SAINT PAUL me tombèrent dans les mains. Les épîtres que je parcourus avidement me firent comprendre, je puis le dire, ce que c'était que la RELIGION SAINT-SIMONIENNE, et m'y attachèrent complétement.

J'entrai bientôt au *degré préparatoire* qui venait d'être constitué. C'était pour la première fois que je voyais des hommes qui s'aimaient, je fus heureux; car tous ces froissements et toutes ces haines, que j'avais trouvés dans le monde, m'avaient fait perdre mes jeunes idées d'ART et de POÉSIE.

Quelque temps après je fus appelé au *troisième degré ;* là, peu à peu, je vis s'évanouir une partie de ces premières impressions qui m'avaient charmé. J'étais toujours aussi attaché à la DOCTRINE, mais je n'y trouvais pas ce que j'avais vu dans la lettre sur le CALME.

Enfin il fallut prendre une FONCTION ; on voulut faire de moi un *enseigneur ;* je crus que je pourrais l'être, je voulus *enseigner*, mais j'ai mal *enseigné*, et j'ai bien vite senti que ce n'était pas là ma mission.

Il y avait déjà longtemps que j'étais admis dans le sein de la doctrine, que je ne vous connaissais pas, PÈRE ; je ne vous voyais, le PÈRE BAZARD et VOUS, qu'en passant ; cependant c'était VOUS que je préférais, mais mon affection pour VOUS était purement *individuelle ;* je vous voyais plus riant, votre visage avait quelque chose qui me plaisait, qui m'attirait davantage ; tout votre être, en un mot, faisait que je vous aimais mieux.

C'est ainsi que je suis arrivé à l'époque de la grande crise. Jusqu'alors la DOCTRINE n'était encore pour moi qu'une *formule;* je ne SENTAIS pas, je ne VIVAIS pas. Cette crise m'a jeté dans la stupéfaction, et je suis retombé dans l'état où j'étais, lorsque je lus pour la première fois la lettre sur le CALME. On me parlait de LOI VIVANTE, d'AUTORITÉ, de LIBERTÉ, d'UNITÉ et de MULTIPLICITÉ, que sais-je ? Tout cela n'était pour moi que chose secondaire.

Enfin un jour, je vous l'ai déjà dit, PÈRE, j'allai voir le PÈRE DUGIED qui avait été mon PÈRE dans la DOCTRINE ; il m'exposa vos *théories*, et ce fut alors, pour la première fois, que la RÉHABILI-

TATION de la CHAIR s'opéra en moi. Aujourd'hui je rends grâces aux sentiments critiques qui animaient le PÈRE DUGIED, tandis qu'il m'exposait vos *théories ;* car son hostilité contre vous donnait à sa parole une exagération qui m'illumina ; plus il croyait m'éloigner de VOUS, et plus il me poussait vers VOUS ; plus il cherchait à me communiquer son *hérésie*, et plus il me convertissait à votre foi.

PÈRE, je vous aime, et ce mot renferme tout ; car c'est PAR VOUS et EN VOUS que j'aime les autres. Ainsi *Cavel*, avec qui j'étais entré au *degré préparatoire*, *Cavel* m'avait repoussé, parce que j'avais trouvé en lui une critique amère ; cette satire vivante en lui me révoltait ; je pris contre lui une antipathie telle que je ne voulus plus le voir. Cependant comme je voyais que VOUS l'aimiez, je me suis dit : puisque le PÈRE aime *Cavel*, il y a donc dans *Cavel* quelque chose de bon ; et en effet je me suis rapproché de lui, je lui ai parlé, et j'ai fini par l'aimer.

Vous le voyez, c'est PAR VOUS et EN VOUS que j'aime les autres. J'ai eu pour VOUS, je puis le dire, un rêve d'amour, mais je me suis approché de VOUS, et je n'ai pas trouvé cet amour que j'avais rêvé, car il me fallait surtout quelque chose d'*indi*-

viduel, et chez vous, PÈRE, je trouvais l'amour avec ses grandes formes *sociales;* alors j'ai rêvé UNE FEMME près de VOUS, je l'y ai cherchée, mais je ne la vois pas; je la rêve encore.

Oh! c'était bien un sentiment RELIGIEUX qui me faisait accueillir avec tant d'enthousiasme la *réhabilitation* de la MATIÈRE. En arrivant à Paris, je voulais me livrer à l'étude, et le ciel brumeux de la capitale me plaisait, j'aimais cette couleur grisâtre qui correspondait si bien avec mon esprit rêveur. J'en étais venu au point de détester mon pays et son beau ciel, et cette antipathie était devenue telle qu'elle portait sur les hommes; le PÈRE BOUFFARD, par exemple, je ne l'aimais pas, parce qu'il avait un accent méridional.

Et maintenant je me suis réconcilié avec mon pays, j'aime son ciel bleu; je me suis rappelé l'ITALIE avec ses fêtes toutes PAÏENNES encore, malgré leur robe CHRÉTIENNE, et je rêve des couleurs brillantes, des parfums enivrants, un air chaud et plein de lumière.

Mon PÈRE, je vous le répète, je VOUS aime par-dessus tous *les autres*, et j'aime *les autres* EN VOUS.

Et pourtant, je dois le dire, parmi tous mes FRÈRES, il n'en est pas un encore que j'aie aimé intimement; il y en avait un que j'affectionnais particulièrement, c'était *Benoist*, mais il n'a pas pu nous suivre.

Quant à ma foi en *DIEU*, la voici.

Je vois *DIEU* partout, dans TOUT CE QUI EST, car je me sens lié par un sentiment nouveau à ce monde *matériel* que je ne comprenais pas, que je ne sentais plus.

PÈRE, la *réhabilitation* de la MATIÈRE, l'*émancipation* de la FEMME, et la création du CULTE par l'*industrie*, vos théories enfin, que d'abord je n'avais pas comprises, tout cela me paraît si beau, si brillant, que sentant, par exemple, l'importance immense de l'*industrie* et la sainteté de la MATIÈRE, je me souviens avoir dit dernièrement à l'un de mes frères, que je préférais maintenant un *cordonnier* à un *savant*.

Le PÈRE. — Tu avoueras que c'est là une véritable réaction.

Clouet, dis-moi à ton tour comment tu sens *DIEU*, comment tu ME sens, et comment tu sens TON rôle dans la FAMILLE.

Clouet. — PÈRE, je sens *DIEU* dans TOUT CE QUI EST, je me sens lié à TOUT CE QUI EST; je sens que nous VIVONS tous de LA MÊME VIE.

Je sens que ma mission, auprès des *ouvriers*

surtout, est de leur faire sentir *DIEU*, et je crois que lorsqu'ils le sentiront, notre mouvement POLITIQUE s'opérera.

Quant à VOUS, PÈRE, je VOUS aime; c'est plus qu'aimer encore... Je n'ai pas d'expression pour rendre ce que je ressens pour VOUS. VOUS m'apparaissez grand, extraordinaire! Souvent je cherche à VOUS définir, et je sens que cela m'est impossible. J'ai pour VOUS une admiration si grande, qu'un seul de vos regards, s'il exprimait le reproche, serait, en quelque sorte, capable de m'anéantir. J'ai pour VOUS un tel amour que souvent j'ai besoin de VOUS parler; eh bien, si alors je VOUS rencontre, votre vue me suffit; je VOUS sens, je VOUS comprends, je sens *DIEU* en vous; et ce sentiment, je ne l'ai pas seulement depuis que nous sommes entrés dans la phase nouvelle; six semaines avant que la transformation s'opérât, ici, dans le *degré des* PROLÉTAIRES, on parlait du PÈRE BAZARD et de VOUS, et je n'ai pas pu cacher mes sentiments pour VOUS; j'ai dit que pour moi vous étiez le véritable chef de la doctrine, le seul chef... Je le comprenais... Pardonnez-moi, PÈRE, je ne puis mettre d'ordre dans mes idées.

Le PÈRE. — Dis-nous particulièrement comment tu sens l'œuvre actuelle; tu es le premier des OUVRIERS qui soit venu à nous, immédiatement après les *journées* de JUILLET, je serais bien aise de savoir comment tu sens cette nouvelle vie que nous t'avons donnée. Ce que j'ai dit l'autre jour de notre HIÉRARCHIE qui avait la *peau blanche*, et dont les mains trop délicates avaient besoin de s'associer, de se mêler aux mains *calleuses* du PROLÉTAIRE, tout cela a dû produire sur toi un effet particulier; c'est ce que je voudrais que tu exprimasses.

Clouet. — Je sens et je comprends ce mouvement nouveau; je crois qu'avant peu nous aurons pour nous les cœurs généreux de la classe ouvrière, et que parmi ces hommes vous trouverez des *généraux* de l'ARMÉE PACIFIQUE; vous êtes pour moi le NAPOLÉON de cette nouvelle armée. Je sens que bientôt notre HIÉRARCHIE va se renouveler, de la même manière que sous l'Empire la HIÉRARCHIE sociale a subi une immense transformation; je sens que nous y verrons bientôt des mains *calleuses*.

Mais je sens aussi l'appel que vous avez fait à la FEMME; elle souffre, je le sens vivement; elle est exploitée, et j'en suis si profondément pénétré que devant une FEMME je ne prononce jamais une seule parole que je croie capable de gêner son développement ; je respecte la FEMME, je l'aime, et ce respect et cet amour ont quelque chose de RELIGIEUX et que je ne saurais dire comme je le voudrais.

Le PÈRE. — Et toi, *Haspott*, toi, ton *frère !*

Haspott. — PÈRE, je mettrai peu d'ordre dans mes idées, vous m'excuserez.

J'ai été élevé dans les principes du christianisme ; à seize ans j'ai perdu ma foi, et pourtant je peux dire que j'ai toujours éprouvé le besoin du sentiment RELIGIEUX.

Je me suis marié contre la volonté de mon père. J'avais connu ma femme dans un de mes voyages, elle était l'aînée de douze enfants, c'était elle qui avait soin de ses sœurs et de ses frères. Elle avait alors seize ans. Sans éprouver alors pour elle un véritable amour, car elle était bien jeune, je pressentais que cette fille serait liée à moi. Je restai ensuite quatre ans sans la voir. Ce fut à PARIS que nous nous rencontrâmes. Mes anciens sentiments pour elle se réveillèrent, d'autant plus que je la trouvai dans une position affreuse ; elle était seule à PARIS. Dès ce moment je conçus le dessein de l'épouser ; je prévoyais de grandes difficultés du côté de ma famille, mais rien ne put me faire abandonner cette résolution ; je surmontai tous les obstacles; et la nécessité d'aller à l'église, de me rapprocher des prêtres, ne fut pas le moindre; pourtant je le fis, et cela porta même le dernier coup à ma foi CHRÉTIENNE.

Quand j'ai entendu parler de la DOCTRINE, je m'y suis aussitôt jeté, car j'y trouvais ce que j'avais cherché toute ma vie, l'*amélioration du sort des* CLASSES PAUVRES. Je suis OUVRIER, et j'ai toujours vécu avec les ouvriers, j'ai donc pu apprécier la nécessité et la bonté du remède que la DOCTRINE venait apporter aux maux de l'humanité.

L'accueil que l'on me fit me transporta. Il me fit éprouver un sentiment de bonheur qui m'était inconnu. Cependant ce sentiment allait en déclinant, et à l'époque où a eu lieu la division qui s'est opérée dans la famille, j'ai été, je l'avoue, longtemps indécis et dans le doute. Je voyais avec peine s'éloigner Mme BAZARD, pour laquelle j'avais conçu une admiration profonde; mais enfin j'ai senti qu'en VOUS était l'avenir de l'humanité, et que dans vos mains reposait le salut de la CLASSE LA PLUS PAUVRE ET LA PLUS NOMBREUSE, et quoique mes sympathies m'attirassent vers Mme BAZARD, je restai avec VOUS.

Cependant depuis cette époque je sens vivement l'absence de la FEMME dans la HIÉRARCHIE, et mon désir le plus ardent est qu'elle y reparaisse bientôt.

Quant à l'*affranchissement* de la FEMME, je le confesse, je ne me sens pas la force d'y travailler; quand les premières FEMMES se manifesteront, je regarderai ce fait comme un grand progrès, mais je n'y prendrai point part; car je sais que ces premières FEMMES seront des *victimes*, et je ne me sens pas le courage de faire des *victimes humaines.*

Voilà ma PROFESSION DE FOI.

Le PÈRE. — Je voudrais que tu expliquasses ces mots : *les premières* FEMMES *seront des* VICTIMES. Si tu entends par là que dans l'APOSTOLAT, il y aura pour les premières FEMMES, de grandes douleurs, comme il y en a eu pour les premiers HOMMES; en effet il faut y être prêt, quoique ce ne doive pas être pour NOUS, comme pour le CHRISTIANISME, la condition normale de l'APOSTOLAT. La position des premiers HOMMES et surtout des premières FEMMES qui s'occuperont de l'*affranchissement* des FEMMES sera certainement terrible, non-seulement à cause de l'influence que, dans le monde, les HOMMES exercent sur les FEMMES, mais surtout par suite des attaques sans nombre que les FEMMES du monde, elles-mêmes, dirigeront contre les premières d'entre elles qui oseront assumer sur elles la grande responsabilité d'un pareil APOSTOLAT. Elles auront donc beaucoup à souffrir, il n'y a pas à en douter; si c'est sous ce rapport que tu les as désignées comme des VICTIMES, tu as raison.

Haspott. — Ce n'est pas positivement sous ce rapport; je sens fort bien que les premières FEMMES qui se montreront ainsi, auront beaucoup à souffrir du *monde extérieur;* mais je crois qu'elles ne trouveront pas, dans le sein de la FAMILLE, une compensation aux sacrifices qu'elles auront faits.

Le PÈRE. — Pourquoi donc crois tu que cette compensation ne sera pas égale à la valeur de leurs œuvres?

Haspott. — Je crains qu'elles ne reçoivent pas ce qu'elles s'attendront à recevoir, en retour de leur PROFESSION DE FOI, de la CONFESSION, de leur vie.

Le PÈRE. — Et pourquoi donc, à une belle PROFESSION DE FOI, à une sincère CONFESSION, ne donnerions-nous pas beaucoup d'amour? Peut-être serait-ce l'inconvénient contraire que tu devrais plutôt redouter de notre part. Certes, il n'est pas donné à tout le monde d'avoir, dans ses fautes *passées*, l'explication et le présage d'une belle destinée *future*, et de plus les personnes faibles rattachent difficilement leur passé à leur avenir; mais les êtres puissants savent que l'avenir auquel ils sont appelés est, sinon une *justification*, au moins une *explication* de leur vie passée, et se RÉHABILITENT ainsi à leurs propres yeux, certains qu'ils sont d'être plus tard RÉHABILITÉS auprès de tous. Si cela n'était pas, nous n'aurions pas puissance d'*absoudre*, nous serions des *exécuteurs des hautes œuvres* et non des APÔTRES.

Crois-tu donc que nous n'ayons pas puissance de donner à celui qui se CONFESSE plus de force qu'il n'en avait avant sa CONFESSION? Si la CONFESSION devait rendre VICTIME de nous-mêmes celui qui se confesse à NOUS, c'est que nous n'aurions pas foi en NOUS, car la CONFESSION est un élément de progrès pour celui qui se CONFESSE, mais il doit aussi en être un pour NOUS.

Explique-nous donc, je te prie, ce que tu as entendu par ces paroles : *je ne veux pas contribuer à faire des* VICTIMES HUMAINES. Si tu veux dire par là qu'il y a pour nous deux tâches distinctes, dont l'une consiste à s'attacher au développement des individualités moyennes qui n'ont, comme on dit, ni *vices* ni *vertus*, et qui par conséquent n'ayant été vivement émues, sollicitées par rien dans le monde, sont molles et médiocres; en embrassant une pareille mission, tu ne serais pas, en effet, exposé à rencontrer ces puissances énormes qui, comprimées par le monde critique, ont pu faillir, et qui pourtant seront superbes et grandes dans le monde nouveau. Mais cette mission n'est pas la tienne ; tu ne t'occuperas pas, en général, d'individus *mous* et *médiocres* qui s'écartent par lassitude, par impuissance, de la société qui nous entoure, et qui viendraient s'accoler à nous platement, misérablement. Ta mission au contraire sera plutôt d'aller à ceux qui souffrent hors de nous et qui ont quelque puissance, or ce sont précisément là les VICTIMES HUMAINES que le monde sacrifie et que nous devons sauver.

Haspott. — Je le sens.

Le PÈRE. — Ne crois-tu pas, par exemple, que tu irais avec énergie enlever à un lien conjugal monstreux, celui ou celle qui en serait accablé? Ne crois-tu pas qu'au risque même de blesser, de froisser, de déchirer peut-être, en brisant de pareilles chaînes, tu sauverais *l'esclave* blessé, déchiré, si cet esclave doit être un des *maîtres* de l'avenir?

Haspott. — Oui je le sens, et alors je ne regarderais pas un tel *esclave* comme une VICTIME, et ses blessures comme un SACRIFICE HUMAIN.

Le PÈRE. — Je crois que tu n'as pas bien senti ce que je viens de dire. Je te dis que lorsque tu verras devant tes yeux deux êtres unis par cette loi *usuraire* qui attache l'homme à la femme avec un lien *d'argent*, et que tu viendras donner à ces deux êtres ou à l'un d'eux au moins une vie nouvelle, tu pourrais avoir besoin, pour les sauver de leur mort *actuelle*, de leur martyre *actuel*, de recourir à une opération rude et sévère ; or tu crains que les FEMMES, qui viendront à nous les premières, ne trouvent pas en nous et ne nous apportent pas elles-mêmes cette puissance *médicinale* qui cicatrise les plaies faites *pour la guérison*. Eh quoi, lorsque ces FEMMES sentiront que leurs blessures sont la condition qui leur donne la puissance d'affranchir toutes les autres FEMMES, tu crains qu'elles nous accusent de les avoir MARTYRISÉES ! *Haspott*, tu n'as pas senti la valeur des expressions dont tu t'es servi ; explique-les encore, et rends-toi mieux compte des obligations douloureuses, mais grandes, mais généreuses, mais RELIGIEUSES que nous impose l'APOSTOLAT ; présente-les sous leur véritable jour, sans rien exagérer ; parle, cela nous donnera l'occasion de dire quelques mots encore relativement aux FEMMES.

Haspott. — J'ai voulu dire que les FEMMES qui feront la CONFESSION de leur vie passée, trouveront bien l'ABSOLUTION parmi nous, mais que nous n'aurons pas la puissance de les RÉHABILITER *aux yeux du monde.* C'est dans ce sens que j'entends qu'elles seront VICTIMES, et j'ajoute qu'elles ne seront même pas bien vues par leurs *sœurs* qui n'auraient pas eu à faire des CONFESSIONS semblables aux leurs, à cause des préjugés puissants qui existeront longtemps encore. Ou on n'appréciera pas les motifs de leurs fautes, si elles ont fait un aveu sincère, ou on leur supposera des vues ambitieuses.

Le PÈRE. — Il y a des HOMMES et des FEMMES même, qui ont dit que notre marche était telle que nous aurions bientôt parmi nous des FEMMES de *mauvaise vie,* que nous marchions à une dissolution effrayante, et que par conséquent les femmes de *bonne vie* nous fuiraient. On l'a dit, et il paraît que tu adoptes, toi, une opinion toute contraire. Tu prétends qu'une FEMME qui aurait CONFESSÉ des désordres passés serait réprouvée par NOUS, qu'elle serait méprisée par notre excessive vertu; il faut bien que des deux côtés on exagère, car ces deux opinions se contredisent radicalement; je ne veux pas dire par là qu'il faille prendre entre ces deux opinions un terme moyen, une espèce de juste-milieu qui ne nous laisserait espérer que des conversions de cette nature mixte qui n'a, je le répète, ni *vices* ni *vertus* ; car c'est la *puissance* qu'il nous faut convertir.

Or la puissance se révélera chez les FEMMES de deux manières ; les unes pourront dire : « Je suis restée soumise à la loi CHRÉTIENNE ; j'ai eu la puissance de me conformer à cette loi sévère, ne fût-ce que par respect humain ; qu'importe ? Eh bien, moi qui ai pu donner cet exemple, moi qui peux dire à la face de tous, *sans rougir*, quelle a été ma vie, je proteste aujourd'hui contre la foi CHRÉTIENNE, et j'adopte la foi SAINT-SIMONIENNE. »

Et cette parole sera puissante.

Mais il y a une autre parole qui peut aussi être bien puissante. Il y a des FEMMES qui n'ont pu s'empêcher de manifester le besoin d'un ordre social nouveau ; et ce besoin elles l'éprouvaient si ardemment, qu'elles l'ont manifesté par le *désordre*. Eh bien, le jour où ces FEMMES viendront à nous, je vous réponds qu'il y aura alors en nous une assez grande puissance pour faire baisser toutes les têtes d'HOMMES devant elles, et qu'il y aura d'ailleurs en elles assez d'élévation et de grandeur pour se faire respecter. Ne sommes-nous donc pas la nouvelle chevalerie? Serons-nous faibles devant DIEU et devant les HOMMES, lorsque nous aurons sous nos yeux, sur des corps de FEMMES, les blessures que la main brutale de l'HOMME leur a faites?

Mais encore un mot sur les VICTIMES HUMAINES.

MICHEL a dit l'autre jour qu'on nous accuserait d'immoralité parce qu'on ne comprendrait pas la SENSIBILITÉ *sociale* RELIGIEUSE UNIVERSELLE qui nous anime; et parce que, pressés comme nous le sommes de propager notre foi, nous passerons, non sans pitié, mais enfin nous passerons sur des douleurs *individuelles*, afin d'aller plus vite aux douleurs *générales*, à la douleur UNIVERSELLE. Alors les *philanthropes* qui pourtant auront été les premiers convertis, ne nous comprendront plus, leur foi faiblira, car il faut être plus que *philanthrope* pour sentir ainsi, il faut être RELIGIEUX.

Ainsi la crise terrible que nous venons d'éprouver nous a tous douloureusement émus; mais si nous nous étions laissé absorber par les douleurs *individuelles* au point où les *âmes sensibles* du monde s'y laissent absorber, je ne sais vraiment où nous en serions aujourd'hui, où en seraient nos ouvriers, leurs enfants, et tout le travail de publication, de propagation, d'enseignement, de correspondance. Je ne sais par exemple comment, pendant ces trois grands mois où le COLLÉGE était dans un état d'agitation et d'exaltation extraordinaire, MICHEL aurait pu, chaque jour, faire paraître son *Globe*, car il y avait alors dans les douleurs que nous touchions, palpitantes, vivantes, de quoi renverser les plus généreux *philanthropes*. Il nous fallait toute cette puissance RELIGIEUSE que DIEU nous a donnée, il fallait nous sentir LIÉS, UNIS, non-seulement à ce petit monde où se passaient de si terribles choses, mais au monde tout entier, pour rester fermes comme nous l'avons été.

Oui, notre mission nous donnera souvent aux yeux du monde ce caractère d'INSENSIBILITÉ; on ne comprendra pas ce qu'il y a d'amour pour tous dans cette apparente rudesse; on ne sentira pas que celui qui a consacré sa vie à l'amélioration du sort de LA CLASSE LA PLUS PAUVRE ET LA PLUS NOMBREUSE, est dispensé de porter l'aumône et le baume de chaque jour à toutes les petites misères, à toutes les petites douleurs qui le touchent de près, parce qu'il a les yeux frappés de la grande lèpre sociale, et la main occupée à la guérir. Ils ne comprendront pas plus notre MORALITÉ qu'ils n'ont compris notre POLITIQUE, parce qu'ils sont aussi incompétents pour juger comment nous sentons les HOMMES, que pour comprendre comment nous sommes SENSIBLES à l'HARMONIE du monde, à la voix de DIEU.

(Le PÈRE *s'adresse à d'Eichthal, qui est rentré depuis quelques instants.*)

Peux-tu parler maintenant?

D'*Eichthal.* — Oui PÈRE.

Voici ma PROFESSION DE FOI ; mais c'est de DIEU que je parlerai d'abord ; ce qui m'a troublé tout à l'heure, c'est que j'ai commencé par parler de MOI. Je ne me rappelais pas une chose que souvent vous m'avez dite, PÈRE, c'est que je ne parlais jamais plus mal que lorsque je parlais de MOI.

Oui, PÈRE, je crois au DIEU de SAINT-SIMON, je crois à cet être UNIVERSEL, INFINI, au sein duquel nous vivons tous, et qui a harmonisé toutes les existences, de manière que par action et par réaction de ces existences les unes sur les autres, l'intérêt de *chacun* se trouve de plus d'ACCORD avec l'intérêt de TOUS. C'est là ma foi.

C'est là, PÈRE, ce qui doit nous faire *comprendre* et nous donnera la *force* de *pratiquer* cette loi MORALE que vous nous annoncez. J'ai moi-même été, et dans ma famille ancienne et dans ma FAMILLE nouvelle, une cause de déchirements, de douleurs; mais, outre que je savais que la mission de l'apôtre est souvent d'être déchiré et de souffrir lui-même, je n'agissais jamais à l'égard des autres comme un CHRÉTIEN, c'est-à-dire sous l'empire de cette idée qu'il est permis de *sacrifier*, de *réprouver*, ni de se *martyriser* soi-même; si j'ai blessé, je l'ai toujours fait pour guérir, pour sauver.

BOSSUET a dit que rien ne coûte à DIEU pour enfanter ses élus, que souvent il bouleverse des royaumes entiers pour sauver une âme; cette idée est CHRÉTIENNE, elle n'est pas SAINT-SIMONIENNE. Nous devons croire, chaque fois que des intérêts *individuels* sont froissés pour un intérêt *général*, que nous pourrons plus tard faire le bonheur de celui qui aura momentanément été blessé.

PÈRE, vous m'avez demandé quelle était ma foi en VOUS; elle est grande, vous le savez. Par VOUS, et VOUS seul, je suis entré dans la DOCTRINE, par VOUS seul je suis un homme RELIGIEUX. J'ai eu, dès l'origine pour le PÈRE BAZARD une sorte de répugnance; VOUS m'avez appris à lui rendre justice, à reconnaître sa puissance; mais enfin j'ai toujours prévu ce qui est arrivé, j'ai toujours cru que le jour viendrait où VOUS seriez le seul chef de la doctrine, il y a longtemps que j'avais senti en VOUS que VOUS le seriez.

PÈRE, il est permis de se glorifier quelquefois, et peut-être dois-je le faire ici, parce que j'ai besoin de me faire connaître tout entier à mes *fils*. Oui, si j'ai un titre particulier à leur amour, c'est celui que me donne la foi que j'ai toujours eue en VOUS, parce qu'en VOUS j'ai trouvé la réalisation VIVANTE de ce qu'était pour moi SAINT-SIMON, parce que j'y ai vu la révélation complète de l'avenir de l'HUMANITÉ.

Dans ces jours si pénibles que nous venons de traverser, je suis peut-être le seul entre tous mes FRÈRES dont la foi en VOUS n'ait pas fléchi un seul instant. J'ai compris tout d'abord ce que vous faisiez pour l'émancipation de la FEMME, tandis que tous pensaient que vos idées recevraient un jour de grandes modifications. Pour moi, plein de foi, je sentais que vous ne pouviez rien faire qui ne fût pour la DOCTRINE une occasion de progrès; et cette foi, je le répète, n'a pas fléchi un seul instant.

J'accepte donc avec joie l'ère nouvelle dans laquelle nous entrons. Je sens que nous ne pouvions continuer aussi exclusivement notre œuvre POLITIQUE; que nous ne pouvions sans danger nous adresser aux masses, si nous n'avions la FEMME à côté de nous, avec nous.

Le monde nous reproche de ne pas connaître les affections *individuelles*, et jusqu'à un certain point il n'a pas tort; car nous sommes presque tous *garçons*, *célibataires*, aussi est-ce avec grande joie, je le répète, que je vois l'appel aux FEMMES.

Quant au développement *matériel* que vous voulez donner à la doctrine, je m'en réjouis également, car jusqu'ici nous nous en sommes occupés bien faiblement. Depuis deux ans nous avons suivi, sans contredit, la meilleure POLITIQUE que nous puissions suivre, mais nous n'avons pas encore fait de la POLITIQUE vraiment SAINT-SIMONIENNE, nous n'avons fait qu'une POLITIQUE de *libéralisme* SAINT-SIMONIEN; nous avons plutôt *critiqué* qu'*organisé;* nous n'avons pas assez mis en *pratique* les principes généraux de notre POLITIQUE PACIFIQUE; ainsi nous nous sommes présentés comme ayant mission de fonder le *parti* POLITIQUE DES TRAVAILLEURS, indiquant surtout par ce nom de TRAVAILLEURS les classes qui souffrent, les OUVRIERS. Non-seulement nous avons peu fait pour répondre à cette prétention, mais nous avons encore commis une faute en désignant le *degré* que nous avons fondé dans ce but sous le nom de *degré des* OUVRIERS; aujourd'hui il a pris le nom de *degré des* INDUSTRIELS, et je préfère ce nom, parce qu'il n'indique pas seulement des hommes livrés aux travaux *manuels*, mais tous ceux qui s'occupent d'*industrie*. Je crois que lorsque nous aurons bien fait sentir que notre POLITIQUE est loin d'être fondée sur l'*hostilité* des classes, tous les bruits que l'on fait courir contre nous dans le monde tomberont, même ceux qui sont étrangers à la POLITIQUE.

Le PÈRE. — Tu as dit que tu étais l'homme du *supérieur* plus que l'homme de l'*inférieur*, explique ce que tu entends par ces paroles.

D'EICHTHAL. — PÈRE, votre lettre sur le CALME m'a fait comprendre que le chef de l'humanité a quelque chose en dehors de l'humanité. Vous l'avez dit, il n'a pas de PÈRE, il a donc sur lui une responsabilité qui ne porte sur personne autre que lui. Cette parole sublime m'a rempli de respect et d'amour.

Je dis encore comme vous, PÈRE, *nul de nous n'est* HORS *de* DIEU, *mais aucun de nous n'est* DIEU, et si je sens ce qu'il y a en VOUS de SURHUMAIN, je sens aussi ce qu'il y a d'HUMAIN en VOUS.

Vous m'avez toujours vu, près de vous, suivre

tous vos actes; personne, je le pense, ne vous a manifesté avec plus de passion que moi sa tendresse et son dévouement ; mais je sens que dans ce moment UNE FEMME nous manque, et qu'il résulte de son absence, comme vous le proclamez vous-même, quelque chose d'incomplet dans notre HIÉRARCHIE. Je crois donc qu'il est du devoir de vos fils, de ceux qui vous aiment le plus tendrement, d'être plus attentifs que jamais à chacune de vos démarches, et de vous soumettre tout ce qui leur paraîtrait pouvoir choquer le monde ou être nuisible à nos progrès ; car nous savons très-bien que l'inspiration vient du chef, mais à condition qu'il aura les révélations spéciales de ceux qui l'entourent ; je vous ai toujours entendu *professer* cette doctrine de LIBERTÉ, et je vous l'ai vu *pratiquer*, et c'est parce que je trouve en VOUS cette garantie de MA LIBERTÉ que j'ai tant de confiance dans VOTRE AUTORITÉ.

Maintenant c'est à mes *fils* que je m'adresse. Je leur demande de l'amour, et cependant j'ai dit que j'étais plutôt l'homme du *supérieur* que l'homme de l'*inférieur ;* de même je dirai que je suis l'homme de l'*égoïsme* plutôt que celui de l'*abnégation;* que le sentiment de la *gloire* me fait bien plus directement agir, que le désir de soulager les souffrances des *autres*, bien entendu qu'il ne s'agit ici que de nuances et que je ne dis rien d'une manière ABSOLUE, je n'exprime que des prédominances. Mais enfin, pour que mes fils me connaissent, je dois me montrer à eux tel que je suis.

Eh bien je dis donc que je suis capable du plus grand dévouement, et je puis affirmer que j'en ai donné des preuves dans l'année qui vient de s'écouler, j'ai beaucoup fait pour la doctrine et j'ai beaucoup souffert ; j'étais chargé de la direction des intérêts *matériels*, et il faut avoir passé par là pour savoir ce que c'est que d'être chargé de l'existence de tant d'individus, avec si peu de ressources, et avec des ressources aussi précaires. C'est le désir de la gloire, c'est l'espoir d'obtenir l'*acclamation*, qui a agi sur moi bien plus, je le répète, que le besoin de soulager des souffrances.

Je ne suis pas un *théoricien*, je suis plutôt un homme *d'action*, je suis loin de me donner pour un PRÊTRE, et je demande à être aimé tel que je suis.

PÈRE, vous devez savoir que ce besoin d'obtenir la *louange* et l'*acclamation*, tout incomplet qu'il est, peut ME faire faire de grandes choses.

PÈRE, j'ai de la peine à m'exprimer, parce que, vous le savez, depuis quelque temps je suis un peu souffrant. Je vous ai dit combien je me suis senti de force pour marcher à mon but sans m'arrêter; depuis ma plus tendre enfance, j'ai été, dans ma famille, obligé de *lutter* contre des parents que je chérissais, et dans ces derniers temps j'ai été obligé, dans la DOCTRINE, de *lutter* encore, et de me faire accuser d'INSENSIBILITÉ ; jusque par des frères qui m'aiment, ce reproche m'a été adressé. Rien ne m'a ébranlé, et cependant j'avoue que dans ce moment la corde a été tendue autant que possible, la trempe de mon âme est usée.

Au moment même où je souffrais le plus des débats du COLLÉGE, vous le savez, PÈRE, de nouveaux déchirements de famille sont venus m'assaillir, j'en ai encore le cœur tout saignant. PÈRE, je ne recule devant aucune œuvre, en toute occasion nous ferons ce que nous devons faire ; mais fasse DIEU que ce soit la dernière fois.

Le PÈRE. — Je désirerais que nous pussions nous réunir au plus tôt et rester longtemps ensemble ; c'est indispensable. Les deux sujets sur lesquels D'EICHTHAL a parlé méritent toute notre attention ; il est nécessaire d'y revenir.

Demain à huit heures précises, soyons tous ici.

Nous parlerons des deux points de MORALE qui se sont présentés aujourd'hui, du *sacrifice* et de la *gloire*, sanctifiés l'un et l'autre selon notre foi.

C'est là une haute question de MORALE qu'il nous importe d'examiner, afin de prévenir ou de faire cesser parmi nous quelques petites hostilités entre les *deux natures* qui ne se comprennent pas assez encore, qui ne se rendent pas toujours justice, qui sont exposées à se méconnaître, à se froisser, tant que vous ne sentirez pas la conduite que l'on doit tenir à l'égard de l'une et de l'autre, et ce que l'on doit attendre de chacune d'elles.

A demain donc, à huit heures précises.

DOUZIÈME ENSEIGNEMENT

DÉCEMBRE 1831

Lendemain de la précédente séance.

Le PÈRE. — MES ENFANTS, avant de parler directement de la question MORALE dont je voulais vous entretenir et pour laquelle nous nous sommes spécialement réunis aujourd'hui, je désirerais que quelqu'un de vous prît la parole et nous exprimât l'impression que notre dernière réunion lui a laissée.

Qui de vous veut donc parler?

Huguet. — Moi, PÈRE.

J'ai écouté hier avec une religieuse attention la profession de foi du PÈRE D'EICHTHAL. J'ai pris un intérêt tout particulier à ce portrait qu'il a fait de lui-même, je l'ai admiré; mais il y a dans ce tableau un trait, un trait saillant qui manque, et je veux l'y ajouter.

Dans des temps qui ne sont pas assez loin de nous pour que nous nous les rappelions sans amertume, quelques fronts ont été obscurcis par le deuil; le moment des couronnes est venu, et je veux en poser une sur la tête de mon PÈRE D'EICHTHAL.

Il vous a dit que le mobile de toutes ses actions était l'exaltation de la gloire, je n'accepte point cette explication qu'il donne à ses intentions, à ses secrets sentiments. Je l'ai vu remplissant la mission du PÈRE ENFANTIN, qui est de soulager et de guérir toutes les douleurs; j'ai vu avec quel zèle, avec quel amour religieux, et pour ce devoir, et pour les personnes souffrantes, il a rempli cette noble mission! J'ai vu tous les efforts qu'il faisait pour trouver les moyens de soulager toutes ces douleurs sans être trop à charge à la DOCTRINE, et lorsque, parfois, ses efforts ne lui faisaient pas atteindre le but qu'il se proposait, je l'ai vu soucieux et préoccupé jusqu'à ce qu'il ait réussi. Pour moi, personnellement, j'ai été à même de l'apprécier sous ce rapport. Un jour, dans un débat où il ne s'agissait pas de mes intérêts, mais d'intérêts plus chers que les miens, ceux de mon père, combien a été beau le rôle qu'il a rempli alors ! PÈRE, vous devez vous féliciter d'avoir près de vous un si fidèle interprète de vos sentiments, un FILS si digne de vous. Il m'a paru bien grand le jour où, déchirant le voile derrière lequel vous étiez resté, vous m'êtes apparu comme un souverain oriental, qui était resté caché aux regards du monde ; le voile déchiré, vous m'êtes apparu grand de toute la grandeur du continuateur de SAINT-SIMON ; je vous ai vu beau, majestueux, le front couronné d'une auréole religieuse ; vous étiez vraiment alors le digne représentant de l'humanité tout entière, et j'ai été profondément ému, PÈRE, à ce grand spectacle ; mais je n'en ai pas été surpris ; j'avais vu votre fils D'EICHTHAL, je vous avais déjà vu en lui.

Permettez-moi, PÈRE, d'aller vous embrasser, et d'aller ensuite embrasser mon PÈRE D'EICHTHAL. Qu'il sente l'étreinte d'un fils qu'il protége, qu'il a secouru, il verra que la joie qu'il éprouvera, en se sentant pressé par lui, renferme autre chose que l'exaltation de la gloire.

Mais PÈRE, je serais ingrat si je n'embrassais que vous deux. Je dois embrasser tous les FILS qui vous entourent ; je le dois surtout envers l'un d'eux. S'il a cru de faux rapports, il a pu supposer que je l'avais méconnu ; je l'ai vu depuis, il m'a entendu, et depuis lors il me semble qu'il est meilleur pour moi, et l'accent de ma voix doit vous faire sentir que la sienne a pénétré mon cœur.

J'embrasserai aussi mon PÈRE LAMBERT, celui qui nous donne la *science* si libéralement, et qui nous fait sentir sa foi par celle qu'il nous communique.

J'irai aussi embrasser le PÈRE TRANSON, lui qui a si souvent exalté en moi le sentiment RELIGIEUX ; j'irai vous embrasser tous.

(*Huguet monte sur l'estrade et va embrasser le* PÈRE, *puis* D'EICHTHAL *et tous les membres du* COLLÉGE. *Ensuite il se tourne vers la* FAMILLE *qui est placée dans l'intérieur de la salle, et dit d'une voix émue* :)

Vous croyez peut-être que je suis heureux ; eh bien, non. Où suis-je ? qui sommes-nous ici ? vos FEMMES n'y sont point, et c'est là pour moi le motif d'une grande douleur ? Savez-vous ce qu'elles font, peut-être, en ce moment : elles se chicanent les unes les autres ou discutent des *théories* qu'elles ne comprennent pas. Que ne sont-elles ici? Elles verraient comme nous nous aimons; ce spectacle réchaufferait leurs cœurs. Combien cette communion leur serait favorable? Il se passe ici de grandes choses pour le progrès, pour l'humanité..., et elles n'y sont pas!... je m'en afflige profondément!

Mais ce n'est pas assez pour moi d'avoir embrassé mes PÈRES, je veux embrasser tous les membres de la FAMILLE, et puisque chacun d'eux, PÈRE, en vous faisant sa profession de foi, a rappelé ses amitiés, je rappellerai aussi quelques-unes des miennes.

J'ai toujours beaucoup aimé *Ribes;* dans les grandes, comme dans les petites occasions, il est toujours bon SAINT-SIMONIEN.

J'ai aussi beaucoup aimé, et j'aime beaucoup *Rousseau*, le bon *Rousseau*, si plein d'amour, si plein d'exaltation religieuse, et cependant si simple dans toute sa personne, abordant tout le monde avec tant de bonté.

J'aime aussi *Massol*, mais je dois lui dire que sa profession de foi m'a fait mal; il a cité deux noms qui lui sont chers, ils me sont chers aussi, mais pourquoi ne les a-t-il pas accompagnés de quelques autres?... *Benoist*, je l'aime aussi; il a craint de rester ici, il est allé chercher ailleurs un plus beau ciel ; *Cavel*, je l'aime, je l'aime bien encore ; mais il me semble, Massol, que tu aurais pu te souvenir de *Rousseau* et de *moi !*

Parmi mes *frères* du *second degré*, il en est que j'aime beaucoup aussi, et que j'aimais beaucoup déjà lorsque j'étais au *troisième degré*. Je citerai d'abord *Jallat*, le bon *Jallat*, si plein de tendresse, et *Duguet* qui souffre et a besoin de tant d'amour. Cependant, Jallat, je crois que vous nourrissez un sentiment de rancune; il doit disparaître en ce jour ; vos Pères m'ont jugé digne d'être embrassés par eux, ma parole doit avoir quelque autorité sur vous en ce moment.

Je ne vois pas *Baud* ici, j'en suis fâché ; je ne me suis jamais cru assez digne de lui ; et aujourd'hui que je me suis peut-être montré digne de lui, je ne le vois pas !... j'aurais tant voulu l'embrasser !... car il se passe en moi quelque chose que je ne saurais exprimer... je me sens plus religieux que jamais.

(*Il va embrasser tous les membres du deuxième et du troisième* DEGRÉS ; *au moment où il se dispose à embrasser Surblet*, SURBLET *le retient et dit :*)

Avant de vous embrasser, permettez que je fasse

devant nos PÈRES la rétractation de ce que j'ai dit et pensé de vous.

Dans une réunion du troisième *degré*, au milieu des débats qui ont suivi la dissidence, vous avez été accusé par quelques-uns de vos *fils* qui ne vous connaissaient pas, et qui doivent vous connaître aujourd'hui. J'étais du nombre, et je le confesse, je ne vous connaissais pas ! Aujourd'hui je vois en vous un homme éminemment RELIGIEUX, un homme au cœur vraiment bon et sympathique ; j'ai été injuste envers vous, je répare autant qu'il est en moi cette injustice, en proclamant ici l'affection qui m'anime et m'animera désormais pour vous. C'est avec ce sentiment que je vais vous embrasser.

(SURBLET *et* HUGUET s'embrassent.)

Huguet. — Après cette sainte COMMUNION, PÈRE, nous ne pouvons plus entendre que votre parole.... Je me mets ici, au milieu des PROLÉTAIRES.

(*Il se place entre* HASPOTT *et* CLOUET.)

Duguet. — J'ai entendu les paroles que *Huguet* vient de prononcer, elles m'ont fait du bien, elles m'ont prouvé que quelques personnes encore m'aimaient. Cependant j'ai souffert aussi plus que qui que ce soit en les entendant, car j'ai besoin de tendresse ; j'en témoigne à chacun, et quelques-uns de ceux à qui j'en avais marqué ne m'en ont pas autant témoigné. J'hésitais à prendre la parole, parce que je ne voulais pas mêler quelque amertume à la douceur de ce moment; mais j'attends que si quelqu'un ici a eu des torts envers moi, il soit le premier à venir m'embrasser.

(Jallat *va se jeter dans les bras de* Duguet. *Tous deux s'embrassent tendrement. Il va ensuite embrasser* Huguet.)

Talabot. — J'ai un mot à dire. Moi aussi, *Huguet*, je m'étais trompé à ton égard; moi dont l'œil sait si bien voir dans les hommes ce qu'ils sont, je dois le dire, Huguet, tu es l'homme envers lequel j'ai été le moins juste. Je te l'avoue, ce n'est que depuis la dernière crise que je t'ai senti; avant cette époque, je ne t'aimais pas, je ne te connaissais pas; maintenant je t'aime et je te connais. Tu es souvent venu à moi, et je t'ai fui avec hauteur; aujourd'hui que je te rends justice, c'est à moi de m'humilier, et je vais aller t'embrasser.

(Talabot *descend de l'estrade et il embrasse* Huguet.)

Maintenant j'ai quelque chose à dire à *Duguet.*

Mon *fils*, tu te rappelles cette nuit fameuse, et pour toi et pour moi, où, à travers tes doutes, nous

nous travaillâmes ensemble si vigoureusement? Nous sommes restés jusqu'à deux heures du matin, enfantant ta conversion au milieu des rues, et ne pouvant pas nous quitter, allant et venant à la demeure de l'un et de l'autre, nous conduisant et reconduisant l'un l'autre, sans pouvoir nous séparer. Tu avais le cœur bien oppressé. Je t'ai vu assidûment depuis, et j'ai travaillé avec ardeur et activité à ta conversion; mais ensuite je t'ai laissé, je t'ai abandonné à toi-même, je t'ai repoussé, en quelque sorte, une fois que je t'eus attiré au milieu de nous. Ton cœur en a souffert, tu ne me l'as pas dit, mais je l'ai bien senti.

Eh bien, jusqu'ici je n'avais pas connu cette douleur, parce que, absorbé par le sentiment *social*, j'avais le cœur fermé aux douleurs *individuelles*. Jusqu'ici ma mission était d'aller chercher des hommes, de les jeter au milieu de nous, puis de les abandonner, pour en aller chercher d'autres encore. *Huguet* nous a parlé des FEMMES, eh bien, moi, je dois dire que c'est une FEMME qui m'a ramené à de meilleures dispositions à cet égard. *Duguet*, je sais que tu souffres depuis longtemps, je suis allé à toi t'offrir ma main, et ta main, par ressentiment ou retentissement du passé, s'est refusée à la mienne; et cependant, *Duguet*, je suis allé bien avant dans ton cœur autrefois; tu en as du cœur! il y a de la puissance chez toi! mais qu'as-tu? il faut que tu souffres bien, puisque moi qui t'ai tant aimé, qui t'aime maintenant plus que jamais, tu peux me repousser.

Duguet. — Je n'ai pas oublié l'affection avec laquelle tu m'as attiré au SAINT-SIMONISME; il ne t'a pas fallu beaucoup de temps pour cela : après deux conversations avec toi j'étais converti. Mais une fois entré dans la DOCTRINE, j'ai vraiment, et à ma grande surprise, cherché en toi le tendre PÈRE qui m'y avait attiré! Nous avons traversé ainsi une année entière; j'ai cru que lorsque ta tendresse pour moi faiblissait ou s'éteignait, il y avait nécessité que je te dissimulasse quelle pouvait être la mienne pour toi. Mais dans toutes mes relations de doctrine, j'ai souvent eu occasion de parler de toi; je t'ai plusieurs fois entendu accuser, et je t'ai toujours défendu; j'en appelle à tous dans cette enceinte.

Lorsque je me suis vu ainsi traité par toi, j'ai cru d'abord que tu m'avais oublié; ensuite j'ai attribué cela à ton caractère, j'ai pensé que tu te laissais difficilement toucher par des souffrances *individuelles*, mais ce n'était pas un retentissement des douleurs passées qui me faisait souffrir; j'ai souffert pour l'*avenir* du SAINT-SIMONISME, mais jamais par *souvenir*.

(TALABOT *et* DUGUET *s'embrassent.*)

Huguet. — Parmi les noms de tous mes *frères* qui me sont le plus chers, il en est un que je n'ai pas cité; je dois réparer cette omission, je me la reprocherais trop, car je dois à celui-là plus qu'à aucun autre; il est absent, c'est *Simon*. Il ne se révèle que dans les grandes occasions, et je dois le dire, dans toute autre circonstance il est tout juste ce qu'il doit être, mais quand on le connaît comme moi, on ne tient pas compte de cela; il est grand et bon, je l'aime et je l'admire.

D'EICHTHAL. — J'ai besoin de parler encore un moment de moi. Huguet qui m'a fait tant de plaisir, qui m'a donné une si douce récompense de ce que j'avais pu faire de bien, Huguet vous a dit qu'il y avait en moi d'autres mobiles que celui de la *gloire*. PÈRE, je vous demande la permission de dire quelques mots sur ce sujet, parce qu'il s'agit là de la RÉHABILITATION d'un sentiment universel.

Le PÈRE. — Parle!

D'EICHTHAL. — Quand nous disons qu'un homme est mu par le sentiment de la *gloire*, il est bien entendu qu'il n'existe pas d'homme qui ne renferme à la fois en lui le sentiment de la *gloire* et celui du *devoir ;* mais les hommes ne peuvent être jugés que relativement à la *prédominance* de l'un de ces sentiments par rapport à l'autre....

Béranger. — Vous ne parlez pas de la BONTÉ qui est en vous.

D'EICHTHAL. — Il y a beaucoup d'hommes chez lesquels, relativement au sentiment de la *gloire*, celui du *devoir* est bien plus développé que chez moi.

Béranger. —Voilà ce que *Huguet* nie ; je le nie également.

D'EICHTHAL. — L'autre jour j'ai voulu me faire connaître à vous, je ne l'ai fait qu'imparfaitement à ce qu'il paraît. Jusqu'ici, même depuis mon enfance, j'ai toujours été mal compris, car je suis une de ces natures dont parle le PÈRE, sur lesquelles la révélation CHRÉTIENNE a jeté un poids qui les écrase. Je suis un homme d'*action*, et en même temps un homme MORAL ; eh bien, dans le monde, je n'avais jamais pu trouver le moyen de donner un champ libre à mes DÉSIRS et à ma jouissance *d'action*. Il en est résulté que, dès mon enfance, ma direction a été faussée ; au lieu de pouvoir donner carrière à cette *énergie* qui était en moi, ma vie se consumait à chercher le monde dans lequel devait s'exercer cette *activité*, où elle pourrait se développer librement.

Théologien d'abord, puis ensuite *semi* Saint-Simonien, je me suis approché du PÈRE, croyant que j'étais un métaphysicien, un *savant*, c'est le PÈRE qui m'a révélé à moi-même. Cependant jusqu'ici, nous n'avons encore fait que du dogme, que de la *théorie*, et cette direction ne m'allait pas. Aussi, dès qu'il s'est agi d'exercer une action *industrielle*, je me suis présenté pour coopérer à ce mouvement; j'étais, en quelque sorte, la matière s'insinuant inaperçue parmi nous, vous ne vous doutiez pas de ce que j'étais.

Je vous le dis, je suis un homme d'*action*, mais je suis aussi l'homme de la *joie*, je voudrais voir autour de nous des fêtes et des plaisirs sans nombre; je me dévouerais plutôt pour donner de la *joie* à un homme, que pour lui ôter sa *souffrance*; ne voyez, je vous le répète, dans tout ceci, que des *prédominances* et non des qualités absolues.

Si j'ai été si peu connu encore, c'est que notre marche ne m'a pas permis de me manifester suivant ma nature; mais voici que le jour des hommes *d'action* arrive, eh bien j'espère que la famille me connaîtra, non par mes *paroles*, mais par mes *actes*.

J'ai aussi quelques mots à te dire, TALABOT.

Depuis quelque temps, tu sais, je te fais la guerre; rappelle-toi ce qui se passait il y a quinze mois; à cette époque, tu m'appelais ton PÈRE, nous nous aimions bien ! Depuis lors, tout en sentant ce qu'il y avait de bon et d'excellent en nous, nous n'avons pu sympathiser ensemble; il y avait en toi quelque chose qui me repoussait. Mais tu as dit que depuis peu tu avais senti le cœur de la FEMME, je l'ai senti aussi; embrassons-nous.

(TALABOT et D'EICHTHAL *s'embrassent*.)

Et vous tous, mes FRÈRES, je vous aime tendrement; les liens les plus étroits, depuis trois ans, m'unissent à vous, et je puis rappeler dans cette communion fraternelle notre cher HOART qui est loin de nous, HOART homme plein *d'ardeur*, c'est un homme d'action aussi; et avant son départ pour Metz, nous nous sommes juré l'un à l'autre une amitié RELIGIEUSE.

Le PÈRE. — Huguet, je te remercie d'avoir pris la parole, lorsque j'ai demandé qui voulait parler. Nous venons de voir des *natures* bien différentes, des caractères bien opposés s'embrasser; encore une fois, merci *Huguet*, tu nous as donné une bonne occasion de manifester notre foi, car c'est là notre mission dans le *monde*, nous devons faire communier en LUI les deux faces *extrêmes* de la vie, et nous faisons bien de communier entre NOUS.

Et maintenant que tout ÉMUS, comme nous l'avons été, il nous faut continuer notre œuvre de *science*, ce sera un peu pénible, mais c'est bon.

Vous n'avez pas bien compris ce que D'EICHTHAL a dit hier sur le sentiment de la *gloire*, il vient de parler encore sur le même sujet, mais il ne l'a pas assez développé; nous allons continuer.

Il vous a dit : Je suis un homme *d'action* et non de *paroles*, je suis homme de la *gloire* plutôt qu'homme de l'*humilité*, j'obéis à l'*intérêt* plus qu'au *dévouement*.

Les préoccupations de la réprobation CHRÉTIENNE ont sans doute empêché de bien comprendre une telle profession de foi, de sentir la portée de l'enseignement qu'elle renferme, de sentir la grandeur de la foi qui donne puissance non de S'ACCUSER d'*orgueil*, mais de dire son *orgueil* LÉGITIME, non de se REPENTIR de son *égoïsme*, mais de S'AFFICHER hautement comme représentant spécial de cette face de la vie.

Si une pareille *confession* est un progrès important de notre foi, c'est aussi un moyen puissant de *l'enseigner;* nous devons enfin cesser de *raison-*

ner, d'*argumenter*, de *discuter* sur les termes *abstraits* des dualismes, et *d'analyser*, de *décomposer* la VIE ; ce sont des exemples VIVANTS qu'il nous faut ; nous avons besoin de reconnaître tous quelle est notre virtualité *propre*, notre *capacité*, notre *spécialité*, notre *vocation*, car il s'agit de nous préparer au SACERDOCE nouveau, et il ne sera fondé qu'au moment où ne nous aimant plus seulement par *confusion*, pour ainsi dire, nous pourrons aussi nous apprécier pour ce que nous sommes, nous rendre *justice*, nous *classer* selon nos natures, nous NOMMER.

L'homme qui, le premier, a pris SON NOM, dans la FAMILLE, qui l'a pris franchement, naïvement, en présence de beaucoup d'autres qui *discutaient* le leur, en présence surtout d'un de ses FRÈRES qui se refusait opiniâtrement à recevoir le sien, c'est LAMBERT. LAMBERT est le premier qui ait reçu et qui ait pris lui-même le NOM de *théologien*, tandis que la maladie de JULES, en ce moment, consiste en ce qu'il n'a pas voulu recevoir ce même NOM, qui pourtant, sous un autre rapport que LAMBERT, est bien le sien.

Et maintenant voici D'EICHTHAL qui se déclare homme d'*action*, reconnaissant qu'il s'est longtemps mépris sur lui-même, et que je lui ai révélé sa vie, à lui qui se croyait un *philosophe*, un *raisonneur*. Eh bien, tous, vous passerez par cette reconnaissance de vous-mêmes, ou vous resteriez en dehors de la vie RELIGIEUSE, car nous en sommes à réaliser parmi nous ce vieil axiome : CONNAIS-TOI TOI-MÊME.

C'est donc sur nous-mêmes, et non sur des types *abstraits* de la vie, que nous devons faire l'application VIVANTE de nos dualismes, si nous voulons réellement connaître tout ce qu'il y a de vertus dans les deux faces *spéciales* de l'ÊTRE ; car notre mission est d'unir religieusement ces deux aspects de la vie, qui sont en lutte dans le monde.

Il ne s'agit plus seulement de rendre *théoriquement* JUSTICE aux *deux natures* ; c'est par la *pratique* que nous devons *apprécier* ce qui est DU à chacune d'elles, et que nous devons nous initier à la conduite que chacune d'elles exige ; c'est par cette *pratique* d'AMOUR entre nous que nous apprendrons à RÉHABILITER réellement, comme nous le devons, ce qui a été *réprouvé* par la loi CHRÉTIENNE, et à développer, encore plus RELIGIEUSEMENT qu'elle, ce qu'elle a SANCTIFIÉ.

DIEU a mis au milieu de nous, pour notre éducation sainte, les formes diverses de la vie ; il nous les donne VIVANTES, déjà animées *d'une même* foi, *d'un même* AMOUR, et pourtant *distinctes, tranchées,* portant des *noms* divers, des *figures* différentes. Nous sommes donc aujourd'hui le LIVRE même qu'il faut savoir lire, pour sentir *expérimentalement* la valeur des *théories* MORALES que je vous ai données.

C'est ainsi que vous avez dû profiter de la parole de D'EICHTHAL ; lorsqu'il vous a parlé de la *gloire,* c'était comme s'il s'était *nommé* LUI-MÊME ; le bien connaître, ce sera donc bien connaître le sentiment de la *gloire ;* le *rétribuer* d'AMOUR pour ses *œuvres,* ce sera donc commencer à donner à la *gloire* la SANCTIFICATION qui lui est promise par la RELIGION NOUVELLE.

Ici, lorsque l'un de nous se désigne par le NOM de l'une des faces de la vie, nous sommes sûrs qu'il ne fait pas *abstraction* de l'autre face, car il est RELIGIEUX ; et d'ailleurs nous avons devant nous un être VIVANT et non une *abstraction,* ce qui nous permet de *rectifier* avec AMOUR les écarts que sa nature trop *spéciale* pourrait lui faire commettre.

Et voilà pourquoi, lorsque je portai dans le *collége* les *théories* MORALES, je m'efforçai, mais en vain, de persuader à BAZARD que nous ne pouvions pas appeler nos FILS sur ce nouveau terrain, sans commencer par donner nous-mêmes, pour premier exemple de MORALITÉ, la double litanie de nos *mérites* et de nos *faiblesses;* voilà pourquoi je voulais que nous prissions l'un et l'autre nos NOMS, qui auraient expliqué ce dualisme VIVANT : BAZARD et MOI, auquel obéissaient nos ENFANTS; voilà pourquoi je voulais qu'il s'expliquât ainsi à lui-même les *deux natures*, dont il avait alors un si éclatant exemple en LUI et MOI. Voilà pourquoi enfin, MOI HOMME, j'appelle la FEMME, enseignant à tous, par cet appel, l'impuissance des faces isolées de la vie, et leur puissance lorsqu'elles seront UNIES.

Maintenant revenons à la *gloire*.

Le CHRÉTIEN disait que le sentiment de la *gloire* ou l'*orgueil* menait en enfer. Pour nous la *gloire* RATTACHE au monde autant que l'*abnégation;* l'*orgueil* n'est pas plus IRRÉLIGIEUX que l'*humilité*. Vous vous rappelez dans ces strophes que je vous ai lues l'autre jour, ce que je dis de cette exaltation divine qui s'empare de l'homme parfois, et pendant laquelle il sent, pour ainsi dire, *DIEU* EN LUI ; et d'autres fois, au contraire, il s'abîme tellement devant le MONDE, qu'il lui semble qne *DIEU* l'a quitté LUI-MÊME, que *DIEU* est tout entier HORS DE LUI. Mais d'où vient donc que, dans notre foi, ces deux sentiments ne sauraient mener, comme par le passé, à la *gloire* PAÏENNE qui *sacrifie*, ni à l'*humilité* CHRÉTIENNE qui *se martyrise?* C'est par notre foi dans la LOI VIVANTE, dans le COUPLE D'AMOUR, HOMME ET FEMME, que ce divin équilibre nous est donné.

Tout homme qui appartient à l'une des *deux natures*, et qui n'aime pas son PÈRE comme exemple de sa vie NORMALE, mais qui l'aime pourtant, marche vers l'*absorption*, vers l'*esclavage*, et en même temps sa nature spéciale perd son caractère de sainteté, et devient IRRÉLIGIEUSE. Car l'*absorption* ne tient pas à ce qu'on aime très-tendrement son PÈRE, mais à ce qu'on ne l'aime pas selon notre foi, en ce qu'on ne voit pas en lui l'instrument que *DIEU* donne à chacun pour entretenir l'HARMONIE des deux faces de la vie.

D'EICHTHAL ne vous a pas dit tout ce que J'étais pour LUI, ni tout ce qu'IL était pour MOI ; je vais vous le dire, et vous sentirez par là ce que vous êtes tous par rapport à MOI, et ce que JE suis par rapport à vous ; par là vous comprendrez mieux VOTRE vie et la MIENNE, NOTRE vie, et pourtant je vous le dis encore, comme dans ma lettre sur le CALME : celui qui n'a personne AU-DESSUS de lui que *DIEU*, qui n'a de PÈRE que *DIEU*, celui-là a une vie INDÉFINISSABLE.

D'EICHTHAL et TRANSON, voilà les deux FILS qui *directement* ont le plus besoin de MOI, et dont j'ai eu *directement* aussi le plus besoin. Voilà ceux pour lesquels, à chaque instant, MA vie est nécessaire, et qui, à chaque instant, ont le plus contribué à renouveler *directement* la MIENNE. Je dis *directement*, parce que ce n'est pas seulement par leurs œuvres *sociales*, mais surtout par nos rapports très-*fréquents*, par leurs œuvres *individuelles*, par la nature *intime* de LEUR affection pour moi et de MON affection pour EUX, que tous deux m'ont *inspiré*, que tous deux ont eu pour moi une *seconde vue*, que tous deux ont été mes *prophètes*, mes *sibylles*, chacun à sa manière.

Or, tous deux me donnent de la *gloire*, de la *personnalité*, de l'*égoïsme*, qui sous leurs deux formes sont SANCTIFIÉS par DIEU, comme ces sentiments sont SANCTIFIÉS en moi-même. Tous deux sont hommes d'*action*, de *pratique*, de chair, et vous le voyez, vous entrez aujourd'hui, par MOI, dans une phase d'*action*, de *pratique*, de *chair*; tous deux étaient des *enfants* pour BAZARD, ils étaient pour MOI de l'*avenir*; aussi ce sont eux qui m'ont le plus approché depuis un an, c'est avec eux que, plus *spécialement*, s'est faite ma vie, comme elle s'était faite auparavant avec EUGÈNE.

En Eugène j'avais un enfant (je me sers ici de ce nom pour désigner surtout l'affection toute spéciale qui forme, par attraction *intime*, des groupes méritant particulièrement le nom de famille, groupes pour ainsi dire indépendants de la fonction, ou du moins qui ne se forment pas absolument d'après la même loi qu'elle). En Eugène, dis-je, j'avais un enfant de l'*abnégation*, de l'*humilité*, du *dévouement*, du *martyre;* christianisme vivant, réapparition de saint Jean, il m'aimait plus que je ne l'aimais.

Aujourd'hui j'ai deux enfants; l'un a pris l'héritage d'Eugène, qu'il cultive toutefois sous une autre forme, c'est d'Eichthal; l'autre a constitué pour MOI une propriété nouvelle, un enfantement nouveau, c'est Transon; l'un m'inspire, en quelque sorte contre mon gré; l'autre, je suis obligé de lui arracher, pour ainsi dire, ses inspirations. A d'Eichthal je ne donne jamais autant de marques d'affection que je voudrais lui en donner; à Transon j'en donne presque plus que je ne le voudrais; et je peux, au nom de notre DIEU, les glorifier l'un et l'autre, pour avoir supporté, comme ils l'ont fait jusqu'ici, ce désaccord presque constant de MA volonté avec la leur, cette disproportion entre la mesure de leur amour pour MOI, et de MON amour pour EUX; car ils ont pénétré l'un et l'autre dans le mystère de ma vie *intime*.

Mais je me sens gêné pour vous parler aujourd'hui plus longtemps sur ce sujet; ma parole seule d'ailleurs est incomplète; demain nous vous parlerons tous trois; nous vous dirons, TRANSON, d'EICHTHAL et MOI, ce que c'est que la *gloire;* et il nous suffira de vous dire comment, en ce moment, nous sentons LA VIE; car, dans la phase actuelle, nous appelons la FEMME, nous voulons constituer le CULTE et organiser l'INDUSTRIE, n'est-ce pas dire que notre vie doit porter le cachet particulier de l'une des deux faces de l'être? or, moi qui suis votre PÈRE à tous, il faut bien que je sois marqué de son empreinte.

L'HOMME qui se trouve SEUL à la tête d'une hiérarchie MALE, et qui annonce au monde la venue de la DOUBLE hiérarchie d'amour, HOMME et FEMME, cet homme doit être le symbole vivant de la face de DIEU qui va se révéler sainte au monde; il doit en porter le *signe*, car il faut qu'il l'aime plus que tous : il sanctifie la FEMME et l'INDUSTRIE, par un CULTE nouveau, il doit donc RÉHABILITER en lui-même la *gloire*, l'*intérêt* et l'*égoïsme;* il convie la FEMME à des noces nouvelles, il faut donc que tous voient en lui un ÊTRE qui aime plus une des faces de la vie que l'autre, qui aime beaucoup l'HOMME, mais qui adore passionnément la FEMME.

MES ENFANTS, ceux d'entre vous qui, par une exagération d'amour pour MOI, croiraient trouver en MOI TOUTE la vie SAINT-SIMONIENNE, s'exposeraient à méconnaître bientôt mon autorité, car ils me demanderaient plus que je ne pourrais et ne devrais leur donner. NUL DE NOUS N'EST DIEU ; je suis un HOMME.

Nous avons aujourd'hui beaucoup d'écueils à éviter ; attendre de l'HOMME plus qu'il ne peut et ne doit donner, ne serait pas le moindre ; souvenez-vous que d'EICHTHAL et TALABOT viennent de vous dire qu'ils avaient été rapprochés par et pour la FEMME, qu'ils avaient été moralisés par ELLE ; souvenez-vous que nous ne représenterons jamais, nous HOMMES, quelque grands que nous soyons, qu'une face de la vie HUMAINE.

Demain vous verrez donc devant vous la vie SAINT-SIMONIENNE sous ces trois formes, MOI, TRANSON et d'EICHTHAL ; nous vous montrerons, sous ces trois aspects de notre vie, ce que doit être la *gloire* nouvelle, base de l'organisation de l'ARMÉE PACIFIQUE DES TRAVAILLEURS, comme autrefois l'*orgueil* MILITAIRE fonda les sociétés guerrières.

Le moyen de comprendre mieux encore ce sentiment nouveau serait d'avoir RODRIGUES avec nous, j'espère qu'il pourra venir. RODRIGUES est un homme d'*action* et de *chair*, qui comprend et qui aime TRANSON et d'EICHTHAL; il a dans l'*esprit* toute la *poésie* de l'un, et dans la *chair* toute l'*activité* pétulante de l'autre. C'est l'INDUSTRIEL dans toute son *énergie*, dans toute sa *virtualité*, et vous ne le connaissez pas encore assez.

J'ai écrit l'autre jour à *Ribes* de MONTPELLIER une lettre dans laquelle je disais que BAZARD n'avait pas compris RODRIGUES, je le dis également pour vous. Les séances des OUVRIERS doivent vous initier à la vie, et pourtant je suis sûr que, pour plusieurs d'entre vous, il doit y avoir encore un mystère dans ce fait, que ce soit RODRIGUES qui nous ait transmis l'héritage de SAINT-SIMON. Je sais que plusieurs ont dû lui trouver la parole brusque, rude, emportée; c'est que vous lui avez presque tous demandé ce que vous étiez en droit d'attendre de MOI; vous lui avez demandé d'être PRÊTRE, et RODRIGUES ne l'est pas; mais c'est lui qui a dit, dans le collége, en s'adressant à REYNAUD : « Il faut que la *gloire* ancienne soit » éclipsée par la *gloire* nouvelle, il faut que l'*or-* » *gueil* MILITAIRE s'incline devant l'*orgueil* PACI- » FIQUE. »

Plus vous comprendrez et sentirez votre PÈRE RODRIGUES, plus vous comprendrez et sentirez le sentiment de la *gloire* sous sa forme abstraite. C'est le MOI INDUSTRIEL incarné, mais qui conserve le caractère RELIGIEUX, par le lien qu'il établit lui-même entre SAINT-SIMON et NOUS. RODRIGUES est sans cesse occupé du besoin qu'on lui rende JUSTICE, qu'on reconnaisse sa *virtualité*, qu'on apprécie sa *valeur ;* et ce besoin si vif, si exalté, conserve son caractère RELIGIEUX, dis-je, surtout parce que c'est à la puissance de SON MAITRE qu'il veut qu'on rende hommage, en faisant justice à LUI-MÊME. RODRIGUES aime l'encens, et il est peut-être l'homme qui a le moins puissance de l'attirer à lui ; pour vivre il faut qu'il *donne* la vie, et pourtant il est difficile de la lui *rendre ;* pour donner la récompense de la *gloire*, il faudrait que LUI-MÊME fût *glorifié*, et pourtant la *gloire* ne monte pas vers LUI ; car l'homme qui aime par-dessus tout la *gloire*, ne peut la recevoir que de la FEMME, et la FEMME n'est pas au milieu de nous.

MES ENFANTS, nous avons déjà senti plusieurs fois que nos séances étaient trop courtes pour le but que nous nous proposons ; en général c'est au moment où les épanchements sont prêts à naître qu'il faut nous séparer. Je l'éprouve pour MOI, vous devez l'éprouver aussi pour vous ; arrangeons-nous donc pour avoir quelques longues séances. Demain nous nous réunirons à sept heures et demie du soir, *rue Monsigny ;* RODRIGUES viendra, je pense, à cette réunion ; il faut que vous le voyiez au milieu de vous ; je vous le dis encore : vous ne le connaissez pas.

(UN MEMBRE. — *Nous l'avons connu au milieu des* OUVRIERS.)

D'EICHTHAL. — PÈRE, c'est aujourd'hui le jour de la JUSTICE ; je veux la rendre à un homme qui n'a pas été apprécié et qui mérite de l'être ; qui a aussi besoin qu'on lui rende JUSTICE, c'est *Jallat.* Allons, orgueilleux, viens m'embrasser !

(*Ils s'embrassent.*)

Jallat est autre chose qu'un médecin, il est homme *d'action, d'industrie,* il est *laborieux, infatigable,* plein de *résolution* et de *courage.* Jusqu'ici il n'a pas eu vraiment emploi de sa vie dans la DOCTRINE, il n'a pas été utilisé et a été méconnu, et pourtant, PÈRE, *Jallat* possède votre affection très-tendre ; mais ses *frères,* et nous qui sommes ses PÈRES, nous n'avons pas su encore comprendre cette affection que vous avez pour lui, et la refléter à travers la nôtre.

Il n'y a rien de plus *humble* qu'un homme *or-*

gueilleux, lorsque le milieu où il vit le contraint à l'*humilité;* aussi *Jallat* a-t-il été *humble*, et sous cette enveloppe factice, on n'a pas su qui il était ; il a été méconnu.

Moi j'ai pu l'apprécier, et je me plais à proclamer ses qualités devant toute la FAMILLE ; car, je le répète, il faut qu'on lui rende JUSTICE, et qu'on lui donne la *gloire;* lui aussi doit avoir satisfaction de son être.

Le PÈRE. — *Jallat,* viens donc aussi m'embrasser.

(JALLAT *embrasse* le PÈRE.)

A demain, MES ENFANTS, à sept heures et demie.

TREIZIÈME ENSEIGNEMENT

DÉCEMBRE 1831, RUE MONSIGNY.

Le PÈRE. — MES ENFANTS, j'ai été souffrant ces jours-ci, et il faut que je vous explique la cause de cette souffrance, parce qu'il y a là un enseignement pour vous. D'ailleurs cela vous ramènera au sujet dont nous nous sommes occupés dans les dernières réunions.

Depuis la crise dernière et antérieurement même, je me suis occupé de *chacun* de vous, je m'occupais de vous tous *individuellement;* mais c'est surtout depuis la dissidence que j'ai été entièrement ouvert à chacun de vous.

Plus que jamais j'ai eu ma mission de *confesseur* à remplir ; et ma mission POLITIQUE, ma mission de CHEF, je l'ai momentanément laissée s'éclipser; j'ai donc eu une vie incomplète, car ce ne peut être ma vie de *confesser* seulement, et surtout de *confesser* un si grand nombre de personnes ; elle a été d'autant plus incomplète, que dans l'obscurité où sont aujourd'hui les fonctions relatives au DOGME, j'ai été obligé de remplir souvent la mission la plus pénible pour le PRÊTRE, la plus haute pour le *théologien*, celle du JUGE.

Je vous ai déjà signalé ici la distinction qu'il faut faire entre le PRÊTRE, le *juge* et l'*exécuteur*. Le PRÊTRE, ai-je dit, SENT le PROGRÈS, ce qui comprend implicitement la CONNAISSANCE du *bien* et du *mal* et la PUISSANCE de *punir* et *récompenser;* le JUGE CONNAIT le *bien* et le *mal*, l'EXÉCUTEUR *applique* la *peine* et la *récompense*. Voilà les trois formes les plus élevées de la vie sociale, les trois formes *éducatrices* de l'humanité. L'effort que fait le PRÊTRE (lorsqu'il veut remplir les fonctions du *juge*), pour *analyser*, pour *décomposer* ce qu'il a SENTI vivement, est pour lui un brisement douloureux et cependant la phase actuelle a exigé que le PRÊTRE se fît d'abord *confesseur*, pour s'occuper spécialement des *individus*, car la FEMME n'est pas là, heureusement le *jugement* est rare parmi nous, parce qu'il nous est facile de reconnaître assez promptement quels sont les hommes dignes de porter l'habit d'APÔTRE, et ces hommes sont ceux qui se mettent le moins dans le cas d'être JUGÉS ; car l'APÔTRE doit avoir avant tout un caractère éminemment SOCIABLE, se pliant aux exigences *légitimes* de toutes les natures, par conséquent étranger à leurs *excès*, s'assimilant ainsi avec facilité l'œuvre COMMUNE, et rappelé sans cesse à une conduite normale par l'AFFECTION et l'*enthousiasme* qui l'attachent à la destinée générale. Tel est l'APÔTRE.

Je dis l'AFFECTION et l'*enthousiasme* pour vous rappeler les différentes formes de la vie. Ces deux termes en exigeraient un troisième, car j'ai voulu désigner par le premier l'amour CALME du PRÊTRE, par l'autre l'*ardente énergie* de l'homme d'*action ;* le troisième serait la *patiente réflexion* du *théoricien ;* or vous savez que nous avons momentanément éclipsé notre *dogme ;* je pense donc ne m'arrêter ici que sur les deux autres faces de la vie.

Certes la vertu capitale pour nous tous, APÔTRES, c'est celle du PRÊTRE, le CALME ; mais ce n'est pas elle pourtant qui caractérise notre vie *actuelle*, c'est l'*enthousiasme*, la sainte *personnalité*, le sentiment de la *gloire*, qui, dans ce moment, doit parler haut en NOUS. Cette source secondaire de la vie va prendre en nous un caractère saillant, et cela doit être providentiellement, car cette *exaltation* nous est nécessaire, comme compensation de la *glorification* réelle que nous sentons mériter, et qui, par le fait, nous manque aujourd'hui ; elle nous est nécessaire, dis-je, mais elle ne saurait d'ailleurs nous manquer, si nous considérons la grandeur toute spéciale de la mission qui nous est échue, l'élévation sublime de cet immense nom d'APÔTRE.

C'est NOUS qui *commençons* le nouveau monde ; d'AUTRES que NOUS, jusqu'à la fin des siècles, le GOUVERNERONT, mais c'est NOUS qui l'aurons *commencé*. Nos vertus ne seront donc pas complétement les LEURS, car notre mission n'est pas la même. Nous aurons ENGENDRÉ, ils DÉVELOPPERONT ; notre vie d'APÔTRES c'est l'acte de GÉNÉRATION même, et *DIEU* seul engendre perpétuellement ; l'humanité ne le peut qu'à longues distances de siècles. *Gloire* donc à NOUS GÉNÉRATEURS, RÉVÉLATEURS du nouveau monde! Que jusqu'à la consommation des siècles NOS têtes portent l'auréole PROPHÉTIQUE ; *DIEU* donne surtout la *gloire* à celui qui PRODUIT, qui DÉCOUVRE, comme *IL* entoure de *vénération* celui qui CONSERVE et RAPPELLE.

Mais je vous ai dit comment votre *gloire* d'APÔTRE pouvait se conserver *légitime* et RELIGIEUSE; je vous ai dit quelle était sa règle, règle VIVANTE, AIMANTE, que *DIEU* a toujours donnée à ses *familles* d'APÔTRES; je vous ai dit que VOTRE PÈRE portait la responsabilité de l'enivrement de votre *gloire*, puisque c'était dans SON amour pour vous et dans VOTRE amour pour LUI que *DIEU* avait placé la mesure de votre amour de *gloire*.

TRANSON, veux-tu parler?

TRANSON. — Le PÈRE vous a annoncé que je vous dirais comment je sens la *gloire*. Il a ajouté que D'EICHTHAL le poursuivait, le tourmentait quelquefois de ses inspirations, et que MOI, au contraire, j'avais besoin d'être pressé, entraîné, et qu'il fallait souvent, pour ainsi dire, m'arracher l'inspiration qui pouvait être en moi.

Je vais vous expliquer ce qui m'est *personnel* dans ceci, et cela vous fera comprendre comment je sens la *gloire*.

Je crois, du moins jusqu'ici il m'a semblé qu'une idée, un sentiment, une inspiration avait besoin de se mûrir dans le cœur de l'homme qui l'avait conçue, de se *personnifier*, en un mot, pour avoir toute sa valeur. C'est pour cela que je gardais souvent trop longtemps en moi ce que j'avais à dire, d'autant plus que dans l'état imparfait où nous sommes, moi, je me trouvais moins associé avec quelqu'un qu'aucun autre ; du moins jusqu'ici je ne me suis rattaché directement à personne. Or, comme le PÈRE ENFANTIN est pressé d'agir, comme il est sûr de faire par lui-même tout ce qu'il veut, il presse ceux qui l'approchent de faire ce qu'ils ont à faire. Moi j'ai besoin, avant de dire ce que je désire, que ce désir soit bien incarné en moi. Je le répète, je crois qu'il est bon d'attendre que les idées se soient *personnifiées*, et qu'il ne faut pas, comme je l'ai dit souvent au PÈRE, se hâter de briser l'œuf, que c'est au poussin à briser lui-même la coquille ; et qu'il ne faut pas non plus, quand le poussin est éclos, détruire le nid avant que le petit soit en état de prendre son vol.

Oui j'aime la *gloire* comme celle de BONAPARTE, mais BONAPARTE promenait ses regards silencieux sur l'humanité ; il gardait en lui-même sa pensée, et il ne la livrait au monde que quand elle était mûre, et qu'il était bien sûr que le monde la recevrait et l'envisagerait comme un soleil éclatant. Ainsi, prépare-t-il une grande expédition, il choisit tous ses hommes, ses savants, ses artistes, ses hommes d'action, et il garde le secret de la mystérieuse entreprise ; puis, quand il est prêt, quand tous ses vaisseaux sont réunis, il part ; et le monde apprend qu'il a fait la conquête d'ÉGYPTE.

Je sais bien qu'il y a en moi, peut-être avec excès, quelque chose de MYSTÉRIEUX, qui m'a mis jusqu'ici dans une espèce d'irréligiosité à l'égard du PÈRE ENFANTIN, parce que, n'ayant pas la puissance de rallier autour de moi des FILS, pour accomplir une œuvre, je suis porté à garder, par une sorte de jalousie pour diverses personnes, ce qu'il peut y avoir de bon en moi, espérant que j'aurai une part plus grande dans l'action ; mais quoiqu'il y ait certainement en moi quelque chose d'imparfait, sous ce rapport, je crois pourtant qu'il y a, dans mon imperfection même, quelque chose dont tous peuvent profiter pour l'avenir. Ainsi je pense que dans toutes les passions humaines il y a quelque chose qui correspond à ce besoin de MYSTÈRE ; je crois que dans l'*amitié*, comme dans l'*amour*, comme dans le *familisme*, le MYSTÈRE est pour beaucoup. Je n'attache pas une grande importance à cette analyse du cœur humain, qui est prise en dehors de la DOCTRINE, je m'en sers seulement pour étendre à toutes les passions ce que je voulais dire à propos de l'*ambition* ou de la *gloire*.

Je crois donc que le MYSTÈRE, pour beaucoup d'individus, rend infiniment plus vive la satisfaction que procurent ces passions. Ainsi l'amour sans MYSTÈRE, beaucoup de personnes ne sauraient le concevoir. Dans l'amitié il y a aussi des choses que l'on ne confie qu'à celui qu'on aime le plus ; il semble que l'on garde toujours, de la vie, quelque chose en réserve, jusqu'au moment où on aura trouvé celui qu'on aimera le mieux. Dans la famille du sang, par exemple, il n'y a personne de nous à qui sa mère, dans son enfance, n'ait ménagé quelques petites surprises. C'est aussi pour son père et pour sa mère que l'on a voulu faire quelque chose, pour leur montrer que l'on avait accompli des progrès dans ses études, et on leur a fait aussi des surprises. Il en est de même, je crois, de l'*ambition ;* le MYSTÈRE me paraît être l'un de ses aliments. Je crois donc que c'est un besoin légitime que celui qui porte à garder en soi-même une conception, pour ne la mettre au jour que lorsqu'elle est tout à fait mûre.

Le PÈRE. — MES ENFANTS, vous savez que ce qui nous manque, dans notre vie *sociale* comme dans notre vie individuelle, c'est la FEMME ; il faut bien, puisqu'elle doit venir, qu'elle ait au milieu de nous des représentants de sa pensée, de sa vie, qui nous révèlent à l'avance, par leurs propres désirs, une partie de ce qu'elle nous donnera, qui nous la fassent désirer à nous-mêmes davantage, en nous ouvrant les yeux sans cesse sur ce qui nous manque. Vous vous rappelez sans doute ce que je vous ai déjà dit sur le *secret* de la *confession ;* et comme nous sommes, et avons été surtout, sous ce rapport, dans une véritable *confusion*, dans une espèce de *promiscuité* tout à fait vicieuse quant à l'avenir définitif, comme nous donnerons probablement encore le spectacle de *confessions* tout à fait publiques, enfin comme de pareilles *confessions* sont des conditions de notre existence APOSTOLIQUE, je suis bien aise que TRANSON ait soulevé cette question, quoiqu'il n'ait point parlé, pour ainsi dire, de celle qui nous occupe, de la *gloire*.

Le MYSTÈRE est certainement, ainsi que l'a dit TRANSON, une des faces de la vie, dans toutes les relations humaines ; mais c'est peut-être sous la forme où nous devons l'examiner ici, c'est-à-dire dans l'*ambition*, dans la *gloire*, qu'il restera le plus de temps à s'instituer parmi nous. Avant longtemps, presque rien ne pourra être MYSTÉRIEUX sous ce rapport, non-seulement entre NOUS, mais à l'égard du MONDE. Ainsi nous avons pu faire MYSTÈRE à vous tous, pendant une année, des idées sur les FEMMES ; je n'agirais certes pas ainsi aujourd'hui, pour des *idées* et surtout pour des *actes* que je projetterais. Notre position APOSTOLIQUE exige même que nous laissions le moins de temps possible entre la CONCEPTION d'un projet et son *émission*, car c'est dans cette *émission* même que nous devons trouver les occasions les meilleures et les instruments les plus puissants pour son développement. Notre vie d'ailleurs est tellement mêlée de *criticisme* et de CHRISTIANISME, que nous avons besoin de nous mettre, pour ainsi dire, à nu, afin d'être contrôlés entre nous, et de nous placer également ainsi sous la surveillance très-critique du monde à notre égard. Ce n'est certainement pas ce qui constituera la partie *agréable* de notre APOSTOLAT ; cette exposition de notre nudité sera souvent et même en général pénible, mais l'APÔTRE ne repose point sur des roses.

Non, notre vie d'APÔTRES ne saurait être murée, comme pourra l'être un jour la vie privée d'un clergé respecté par de nombreux fidèles, pleins de foi pour leurs PRÊTRES. Nous sommes encore loin d'inspirer cette confiance au monde qui nous entoure, et nous avons même des *fils* qui ont besoin d'un accroissement notable de foi, avant que nous puissions, même dans notre sein, pratiquer le MYSTÈRE. Je le répète, notre vie ne saurait être murée, et j'en ai voulu donner un frappant symbole, en m'opposant toujours à ce que la chambre que j'habite pût se fermer; je n'ai pas voulu qu'on en réparât les serrures qui sont en mauvais état, ni que l'on mît aux portes des verrous intérieurs, et pourtant je ne saurais considérer comme une agréable demeure cette chambre de verre; je fais ainsi, parce que je sens la nécessité de vous donner cet exemple.

La publicité que nous devons imposer à notre vie est *utile*, elle est donc MORALE, car ce qui est *utile* à de véritables APÔTRES ne saurait être IMMORAL. Désirons, appelons l'époque où le MYSTÈRE sera possible entre nous, car c'est appeler la FEMME, c'est désirer sa venue; hâtons le moment où nous pourrons faire concourir à notre amour ces délicates *surprises* si douces dans les relations intimes, et où il sera religieux de nourrir dans le *silence* une puissante pensée, de la conserver dans son âme jusqu'au moment où, ayant absorbé toute la vie de son créateur, il se livrera lui-même tout entier au monde, en lui donnant son œuvre ; mais ce sont des joies que nous pouvons prévoir, comme tant d'autres qui nous sont promises et encore refusées.

Oui, le MYSTÈRE sera aussi, dans l'avenir, un élément RELIGIEUX d'une *gloire* légitime, car la *surprise* qui procure une révélation faite avec art, et suspendue sur l'humanité jusqu'au jour où elle doit se saisir des esprits, est souvent un moyen puissant d'éducation, de conversion, et le peuple, instantanément illuminé, témoigne, par ses acclamations presque involontaires, sa reconnaissance pour celui qui l'éclaire. Mais nos joies d'AMBITION ne sauraient avoir aujourd'hui cet éclat, elles sont plus lentes, plus tempérées, plus progressives, car notre GLOIRE ne saurait être de ce jour ; et lorsque nous prononçons ce mot de GLOIRE, il exprime bien moins le *présent* qu'il n'appelle l'*avenir*.

La GLOIRE présente de l'APÔTRE est moins bruyante, mais elle est sûre, s'il donne à tous l'entrée de son CŒUR, de son *esprit*, et je dirais presque de sa *chair;* s'il est ouvert à tous, s'il livre à tous sa vie, à mesure que DIEU la lui donne. SAINT-SIMON, notre maître, APÔTRE *solitaire*, nous en a donné l'exemple; il n'a pas achevé un seul ouvrage, et les critiques ont dit qu'il n'avait fait que des *prospectus*, et que le symbole de sa vie était cette grande porte cochère, seule chose qu'il ait élevée lorsqu'il bâtissait son hôtel de la rue du Bouloy [1]. Ce symbole est encore le nôtre, nous ne pouvons pas édifier un temple, à peine en élevons-nous le portique; notre œuvre consiste à préparer les matériaux, et à remplir les fondations que la main de NOTRE MAITRE a creusées. Nous sommes APÔTRES, frères de tous les hommes, et nous n'avons pas de *familles ;* nous sommes sur la *grande route* et n'avons pas de *cité;* nous sommes habitants du *globe* et nous n'avons pas de *patrie.* Or si nous n'avons pas de *familles,* de *cité,* de *patrie;* si DIEU nous a consacrés à TOUS; s'il nous a conçus en *ce jour* pour tous les *temps, ici* pour tous les *lieux ;* s'IL nous a donné seulement mission d'ANNONCER à la *famille,* à la *cité,* à la *patrie* ancienne, la *patrie,* la *cité* et la *famille* nouvelles; si nous sommes sans MONDE entre ces deux MONDES, soyons comme le PRÉSENT entre l'*obscurité* du PASSÉ et le *mystère* de l'AVENIR, soyons CLAIRS et SAISISSABLES ; laissons le SECRET pour ce qui FUT ou pour ce qui SERA ; NOUS SOMMES !

1. Opinion de Benjamin Constant sur Saint-Simon.

Et pourtant, je vous le dis encore, désirons le MYSTÈRE, c'est appeler la FEMME.

Et ne prenez pas même dans un sens ABSOLU ma parole, vous savez bien que si nous devons désirer le MYSTÈRE pour l'*avenir*, il faut que notre vie présente en porte quelque peu l'empreinte. Et en effet nous avons déjà établi pour la *confession* des nuances qui en restreignent la *publicité ;* tantôt nous jugeons utile qu'elle soit faite à *tous*, tantôt il nous paraît convenable de la faire à *quelques-uns* seulement ; tantôt enfin nous jugeons qu'elle ne doit être faite qu'à UN SEUL. Plus nous avancerons même, et plus nous sentirons que nous devons éviter de nous présenter, à chaque instant et pour chaque action de notre vie, devant une espèce de cour d'assises toujours prête à nous juger. Mais le fait est qu'en ce moment le monde ne nous AIME pas, ne nous pratique pas, et que cependant il VEUT nous *juger*.

J'ajoute que si c'est un devoir pour nous d'éclairer nos actes de la lumière d'une grande *publicité*, une certaine mesure est pourtant nécessaire, car cette *publicité* pourrait être souvent une cause de *désordre*, de *scandale*, de DÉMORALISATION : la *franchise* dégénère souvent en *indiscrétion* et en *brutalité*, elle pourrait être un véritable SACRILÉGE, si on l'exerçait sans avoir conscience du *bien* et du *mal* qu'elle peut produire, du PROGRÈS dont elle doit être cause.

Enfin, je le répète encore, il est bon que quelques-uns d'entre vous se rattachent au sentiment exprimé par TRANSON, car ce sentiment est une *prophétie;* il est bien d'appeler dès aujourd'hui le moment où des nuances de *convenances*, de *tact*, de *délicatesse*, viendront adoucir la teinte MALE de notre APOSTOLAT, puisque c'est la FEMME qui nous apportera ces couleurs nouvelles.

D'EICHTHAL, as-tu quelque chose à nous dire?

— D'EICHTHAL. — Quand je suis entré ici ce matin, PÈRE, je songeais à ce que vous aviez commandé à TRANSON et à MOI, et j'avoue que je me sentais embarrassé pour y répondre. Mais pendant que VOUS et TRANSON parliez, le mystère de MA vie s'est présenté à moi d'une manière nette et précise, et je crois pouvoir dire à mes fils ce que c'est que le sentiment de la *gloire* en MOI.

Ma nature, ai-je dit, c'est d'aimer la *gloire;* je maintiens ce que j'ai dit. Cependant jusqu'ici j'ai vécu sous l'empire de la révélation chrétienne; j'ai été élevé par ma famille dans la pensée que ce qu'il y avait de plus beau parmi les hommes, c'était l'*abnégation*, le *sacrifice* le plus absolu aux intérêts des autres; alors j'ai dû croire que la *gloire* s'obtenait en étant, aux yeux de tous, un homme d'*abnégation* et de *sacrifice*. Et en effet, par amour de la *gloire*, je marchais hardiment dans cette direction, et je puis dire que, sous ce rapport, j'ai poussé la *pratique* CHRÉTIENNE beaucoup plus loin que l'immense majorité des hommes.

Cependant ce n'était pas sans des efforts extraordinaires et continuels que je réalisais ce qui devait me donner de la *gloire*, ce que je considérais être mon devoir. Il me semblait bien souvent que je me mentais à moi-même, que j'étais *comédien*, et cette idée qui m'indignait, me donnait la force de redoubler d'ardeur pour accomplir ce que le devoir me commandait.

J'ai donc véritablement pu mériter la *gloire* CHRÉTIENNE, celle de l'abnégation ; et lorsqu'un de nos *fils* a dit qu'il avait trouvé en moi cette vertu, il a eu raison. Mais à quel prix aussi l'ai-je obtenue? Au prix d'une souffrance extrême, au prix d'un vrai martyre qui détruisait ma vie.

Oui certainement, dans le passé, l'homme de la *gloire* a pu, par amour même de la *gloire*, se contraindre à l'*abnégation*, à l'*humilité*, au *sacrifice*; mais ce ne fut jamais d'une manière suivie et régulière; ce fut par sauts brusques, par secousses violentes, toujours aux dépens de sa propre nature et en torturant sa vie. Mais qu'il soit béni, MON PÈRE, ce RÉVÉLATEUR, ce continuateur de SAINT-SIMON qui vient apprendre aux hommes que la vertu n'est pas seulement UNE, qu'il y a DEUX manières de contribuer au bien-être de l'humanité, à l'*amélioration du sort de* LA CLASSE LA PLUS PAUVRE ET LA PLUS NOMBREUSE. Car désormais l'homme de la *gloire* peut trouver le bonheur et la sainteté, sans être obligé de se dissimuler à lui-même, de se mentir à lui-même, de se cacher à lui-même ! car il pourra laisser le rôle sublime de l'*humilité* à l'homme de l'*abnégation* qui est aussi grand à ses yeux que lui-même ; car l'un et l'autre, unis ensemble par le COUPLE SAINT, serviront l'humanité, en développant leur propre nature.

Lorsque je me suis converti à la FOI NOUVELLE, c'est bien parce que j'y voyais d'abord ce sentiment philanthropique, cet amour du *prochain* que le CHRISTIANISME m'avait inspiré ; mais depuis quelque temps je sens que j'y suis venu aussi pour MOI. Oui, ce que je désire pour l'humanité, ce que je veux lui donner, ce que je veux surtout apporter à ceux qui me ressemblent, c'est de l'*éclat*, c'est du *brillant*, ce sont des *fêtes*, c'est le déploiement magnifique des BEAUX-ARTS dans toute leur *pompe ;* c'est quelque chose qui surpassera et les *cérémonies* de l'antiquité et les tournois du moyen âge ; enfin, ce que j'ai trouvé encore pour MOI, pour MON âme, pour MA vie, dans notre FOI, c'est l'espoir des rapports nouveaux entre l'HOMME et la FEMME.

Sans préjuger en rien ce que devront être ces nouveaux liens, puisque la FEMME n'est par là, toujours est-il que j'ai senti profondément que ce ne pouvait plus être ces rapports de *brutalité* et de *dissimulation* qui ont existé dans le passé ; car j'ai été aussi plus CHRÉTIEN que la plupart des hommes dans mes relations avec les femmes ; mais aussi à quelles conditions encore l'ai-je été ! C'était à condition de m'isoler d'elles presque entièrement ; je les fuyais, et ne leur adressais pas la parole, parce qu'il me semblait qu'on ne pouvait leur parler sans être en contradiction avec soi-même, lorsqu'on voulait suivre la loi CHRÉTIENNE ; dans les rapports, même de l'intimité la plus loyale, entre l'HOMME et la FEMME, je voyais une manifeste opposition avec la MORALE qui prescrit de fuir les tentations des *sens ;* et comme, après tout, il n'y a pas de véritable gloire sans l'observation de la MORALE, c'était encore par amour de la *gloire* que je prenais, en quelque sorte, les habitudes d'un vrai *moine.*

Le PÈRE. — Vous avez tous deux justifié la gloire, et vous l'avez fait chacun selon la forme de votre vie, ainsi que je l'avais annoncé. Vous l'avez complétement justifiée, en montrant tous deux ce qui caractérise plus particulièrement la manière dont vous voulez l'obtenir, l'un cherchant à la préparer par le MYSTÈRE, l'autre voulant pour ainsi dire l'obtenir par le *bruit* et l'*éclat* d'une immense PUBLICITÉ ; aussi est-ce bien la nuance qui distingue la mission de l'un et de l'autre, près de MOI et à l'égard de TOUS.

Mais tous deux vous avez oublié ce que j'avais dit la dernière fois et aujourd'hui encore, savoir : que le sentiment de la *gloire* ne conservait son caractère RELIGIEUX qu'à une condition, celle d'être RATTACHÉ, par amour pour la LOI VIVANTE, au sentiment *général*, SOCIAL, UNIVERSEL. Tous deux, vous avez négligé de montrer comment vous rattachiez l'homme inspiré par la *gloire*, le GLORIEUX, au PRÊTRE qui le GOUVERNE. Ainsi n'avez-vous pas montré comment, sous ce rapport, il existait une filiation entre vous et MOI, comment J'ENFANTE votre *gloire*, puisque vous me nommez VOTRE PÈRE ; et cet oubli était naturel de VOTRE part, c'était à MOI à vous y rappeler, car c'est là MA *gloire*, à MOI ; mais vous avez tous deux encore quelque chose à nous dire.

TRANSON. — Le PÈRE ENFANTIN vous a

dit la dernière fois que, dans EUGÈNE, il avait eu un *enfant* qui avait eu pour LUI plus d'amour de FILS qu'il ne lui avait rendu, LUI, d'amour de PÈRE. Il a ajouté que D'EICHTHAL, sous ce rapport, avait pris l'héritage d'EUGÈNE.

Eh bien, il est très-vrai que ce qui caractérise EUGÈNE et D'EICHTHAL m'a manqué jusqu'ici à l'égard du PÈRE ENFANTIN, et même, je l'avoue, m'a manqué non-seulement envers lui, mais envers beaucoup d'entre vous, et aussi en dehors de la FAMILLE. Je veux dire qu'en général on m'a fait plus d'amitiés que je n'en ai rendu. Peut-être cela tient-il encore à ce que je vous disais tout à l'heure: j'ai toujours besoin d'attendre. Pour s'ouvrir tout entier, il faut auparavant se recueillir un peu.

Ce que le PÈRE ENFANTIN vient d'exprimer, je sens que plusieurs aussi ont dû l'éprouver par rapport à moi. Quelque besoin d'affection que j'aie, il y a des instants où mon cœur cesse de vibrer à l'approche d'un homme qui m'aime, il ne bat plus à l'unisson du sien; c'est un fait que je ne m'explique pas bien, mais c'est un fait, et il a pu être pénible à plusieurs d'entre vous qui m'ont témoigné tant d'amitié.

Quant au MYSTÈRE dont j'ai dit que j'avais besoin, je n'ai pas entendu que je dusse tenir mes projets cachés à celui qui a fécondé les germes qui étaient en moi. Aussi, dans plusieurs occasions, suis-je allé sans effort et de moi-même près du PÈRE ENFANTIN, parce que je sentais que c'était lui qui m'avait donné ma vie nouvelle, lui dire ce que je désirais, tout ce que j'espérais. Mais je confesse aussi que, dans d'autres occasions, ce qu'il a dit est très-vrai; il m'a beaucoup témoigné d'amour de PÈRE, et il n'a pas trouvé en moi tous les témoignages d'affection d'un FILS.

Je vous le dis encore, je crois avoir plus besoin de recevoir des témoignages d'affection que d'en donner.

Le PÈRE. — J'appuie sur ce que tu viens de dire, car tu t'es révélé ainsi à tous et à toi-même. Tu as plus besoin de recevoir des témoignages d'affection que d'en donner, as-tu dit; et il n'y a rien là qui soit vicieux en soi-même; mais il est bon que tous le sachent, et te sentent tel que tu es; c'est là le but de nos fréquentes réunions et de la forme que je leur ai donnée.

MES ENFANTS, il faut toujours que chacun soit caressé et châtié selon sa nature; or, il y a telle nature qu'on ne peut pas développer en lui *donnant* ce qu'on *attend* d'elle; on éprouverait un désappointement pénible; c'est même souvent lorsqu'un enfant est le moins disposé à rendre des caresses qu'il faut lui porter les nôtres.

Mais ne perdez pas surtout de vue le but social, APOSTOLIQUE que nous nous proposons en nous livrant aussi minutieusement à l'analyse de notre vie *intime*. Lorsque nous aurons une révélation nette des caractères divers, des types que *DIEU* a réunis pour en former sa famille d'apôtres, soyez certains que nous aurons en même temps puisé, dans cette appréciation de nous-mêmes, la révélation des caractères divers qui existent dans le monde, et dont les types doivent se trouver providentiellement parmi vous. Alors nous pourrons nous approcher de TOUS, et toucher chacun comme *chacun* doit être RELIGIEUSEMENT touché. C'est là l'initiation que nous devons recevoir de nos réunions de famille.

Nous annonçons une MORALE nouvelle qui ne réprouve pas, mais qui attire et qui élève, qui place chacun *selon sa capacité*, et qui rétribue chacun *selon ses œuvres ;* quand vous aurez fait, dans notre sein, cet apprentissage de la vie morale nouvelle, qui s'y trouve nécessairement en germe, vous saurez ainsi la *parole* qu'il faut adresser à *chacun*, vous aurez vraiment le *don des langues*.

Vous ne l'avez pas reçu encore, parce que vous n'avez pas soulevé suffisamment l'enveloppe CHRÉTIENNE et le linceul *critique* qui nous couvrent, et qui cachent bien plus encore le monde. Lorsque vous aurez bien vu ce petit coin du grand corps humanitaire qui porte le nom d'APÔTRES, vous aurez par cela même une claire illumination du monde, une révélation nette de la moralité humaine.

Or, il y a dans le monde des amants de la *gloire* qui se martyrisent sous le poids du suaire CHRÉTIEN, sous les coups de la discipline du *moine ;* et il y en a d'autres aussi, GLORIEUX comme l'était un païen, qui souffrent, qui se tordent et qui s'usent, qui se dévorent dans les combats où le CRITICISME les plonge ; ce sont ces deux formes de la gloire qui viennent de paraître devant vous, sous la figure nouvelle que les premiers développements de notre foi leur ont donnés.

D'EICHTHAL. — PÈRE, vous m'avez demandé comment je sentais MA vie liée à la VOTRE. Il me serait difficile, en ce moment, de me donner à moi-même et de donner aux autres l'expression *scientifique*, la formule de MA vie, sous ce rapport. Et en effet, vous m'avez dit vous-même, PÈRE, avec grande raison, qu'il y avait jusqu'ici dans mon amour pour VOUS quelque chose qui n'était pas l'amour NORMAL d'un FILS pour un PÈRE, et que j'avais besoin, pour donner avec *mesure* mon amour, de l'affection d'une FEMME. Dans cette tendresse que tu éprouves pour MOI, me disiez-vous, dans cette affection si vive que tu me témoignes, il y a quelque chose qui te trompe; tu cherches en MOI et tu veux me donner ce que tu dois trouver et ce qui doit revenir à CELLE qui t'aimera et que tu aimeras comme épouse.

Je le sens parfaitement; et comme ma faculté PROPHÉTIQUE n'est pas telle que je puisse prévoir à l'avance les modifications que le mariage produira en moi, il m'est impossible de dire ce que je serai par rapport à VOUS, et difficile même de dire ce que je *suis, en ce moment,* à votre égard; au moins j'essaierai de le dire pour le *passé.*

J'ai été RELIGIEUX toute ma vie, puisqu'au moment où je cessai d'être CHRÉTIEN ce fut pour embrasser la FOI qu'AUGUSTE COMTE me présentait. Quoiqu'il y eût là beaucoup de *matérialisme*, d'*athéisme,* j'avais FOI dans les destinées de l'humanité, et je puis dire que je ne suis jamais passé à l'état d'*irréligiosité* complète; par conséquent tout ce qu'il y avait de sympathies dans mon cœur a toujours subsisté, parce que je trouvais un aliment pour elles.

Quand je suis entré dans la DOCTRINE, c'est VOUS que j'ai vu, PÈRE; je n'ai vu son avenir qu'en VOUS seul; et j'ai été tellement rempli de ce sentiment, que je n'ai jamais pu concevoir, tant que vous ne me l'aviez pas expliqué vous-même, pourquoi BAZARD partageait avec vous l'autorité suprême; car je ne voyais pas en LUI ce que je voyais si bien en VOUS, le caractère sacerdotal, le PRÊTRE.

D'un autre côté vous étiez le seul homme qui me compreniez, qui, sous cette espèce de *vague* et de *décousu* qu'il y avait en moi, saviez découvrir ce que je désirais, et reconnaître ce dont j'étais capable...

Le PÈRE. — Rappelle-toi que je ne te demande qu'une seule chose; je te demande comment tu sens que ta vie de *gloire* ne saurait être ANORMALE et ne peut être que RELIGIEUSE. Comment tu sens qu'il y a pour toi un rappel constant à ce qui est ta FOI, à une MORALITÉ VIVANTE qui RELIE en elle la *gloire* et l'*abnégation*, et dans laquelle tu puises le sentiment RÉGULATEUR de ta *virtualité* propre.

D'EICHTHAL. —Je sens parfaitement que sans

VOUS, je serais frappé d'impuissance, que c'est VOUS qui m'avez révélé à moi-même, enfin que sans vous mon amour de la *gloire* se serait usé dans mon ancien martyre, ou m'aurait jeté dans une voie plus dangereuse encore.

TRANSON. — Moi aussi je dois dire, relativement à ce besoin de MYSTÈRE dont j'ai parlé, que moi qui avais la prétention de ne pas me faire connaître aux autres, je ne me suis connu moi-même que parce que le PÈRE ENFANTIN m'a connu et m'a révélé à moi-même.

D'EICHTHAL. — Je voudrais encore dire un mot. On s'est beaucoup mépris sur moi dans la FAMILLE, surtout avant les derniers événements. Plusieurs m'ont présenté comme le type de l'*absorption;* je crois qu'il est inutile de m'étendre maintenant sur ce point, parce qu'en expliquant vous-même, PÈRE, la nature de mes rapports avec VOUS, vous avez dit que je voulais, en quelque sorte, VOUS *imposer* MES inspirations.

MICHEL. — Moi aussi j'éprouve le besoin de la *gloire*, mais sous une forme particulière, et c'est pour cela, PÈRE, que je vous demande à parler, car je désire aussi me faire mieux connaître par la FAMILLE.

TRANSON et d'EICHTHAL sont des hommes de

l'ÉGOÏSME, dans le sens RELIGIEUX de ce mot. Je me considère comme étant plutôt un homme du DEVOIR. J'ai une *personnalité* prononcée; cela est évident. Je m'aime; mais en même temps ce qui domine chez moi, c'est ce qu'on nomme en POLITIQUE le sentiment de la RAISON D'ÉTAT, et ce que l'on appelle en RELIGION la foi dans la récompense de la VIE FUTURE.

Je puis paraître, au premier abord, un homme très-*glorieux*, et même *glorieux* à un point excessif; car il y a en moi, sous ce rapport, je le répète, une *personnalité* des plus remarquables. Dès l'âge de quatorze ou quinze ans, quand j'étais au collége, tous mes professeurs disaient de moi : « Ce garçon-là a l'air bien *insolent.* » Et ce qu'il y a de plus curieux, c'est que ce nom-là m'a suivi; ainsi, dans la doctrine, j'ai entendu dire souvent que j'étais très-*insolent;* c'est très-vrai, du moins j'en ai tout l'air; et pourtant cela ne veut pas dire que je sois un homme particulièrement porté vers l'ÉGOÏSME, je suis plutôt porté vers l'ABNÉGATION; mais de même que l'ÉGOÏSME a plusieurs faces, de même aussi l'ABNÉGATION en a plus d'une. Il y a une ABNÉGATION qui a le sentiment de ce qu'elle vaut, qui *lève la tête,* il y en a une autre au contraire qui doute d'elle et *se cache;* CAZEAUX possède ce dernier genre d'ABNÉGATION, et moi l'autre. Tous deux nous représentons les deux faces de l'ABNÉGATION, de sorte que je serais, sous ce rapport, ce que d'EICHTHAL est en fait d'ÉGOÏSME, et CAZEAUX correspondrait à TRANSON.

En effet, il est remarquable que TRANSON est plus lié avec CAZEAUX, et d'EICHTHAL avec MOI, mais il y a cette différence entre d'EICHTHAL et MOI, que d'EICHTHAL a besoin d'un plus grand nombre de suffrages que MOI. MOI, il ne m'en faut que deux, celui du SUPÉRIEUR et le MIEN, parce que j'ai toujours foi qu'en ayant ces deux-là, celui de l'*inférieur* ne saurait manquer d'arriver, et que, s'il manque pendant quelque temps, il finira par venir.

Quant à la manière dont je conçois la FONCTION sociale qui correspond à mon caractère, je vais vous citer un fait qui vous la fera sentir.

A l'âge de quinze ans (c'est, vous le savez, un âge où l'on rêve ordinairement beaucoup, où l'on fait mille conjectures sur son avenir, où l'on se repaît de mille illusions), je n'ai pas une seule fois rêvé que je serais ROI, mais j'ai rêvé quelquefois que je serais *ministre*. Ce fait est la traduction fidèle de la nature de DÉVOUEMENT qui est en moi. Un *ministre* peut se dévouer à son ROI; s'il a la

pourraient réclamer ; il me semble que BARRAULT l'a fait, tandis que tu parlais.

(BARRAULT *fait signe que non.*)

MICHEL. — Enfin, j'arrive à mes rapports avec mes *inférieurs*. Ils ont cette double face d'*ostentation* et d'*abnégation*. J'ai quelquefois l'air d'opprimer l'*inférieur*, mais il n'y a là qu'une apparence qui tient à l'extérieur que me donne ma face d'*ostentation*. Je crains toujours de trop fatiguer l'inférieur, et comme j'ai le sentiment du *devoir*, j'aime mieux souvent faire une chose que de la lui faire faire, parce que j'ai peur qu'elle ne lui pèse trop, qu'elle ne le blesse. Par exemple, je redoute toujours de faire porter à *Bourdon* plus de travail que sa santé ne lui permet d'en faire. J'ai pour lui cette sollicitude très-vive, quoique bien souvent je lui aie dit qu'il devait faire plus qu'il ne faisait. Sous ce rapport, je puis encore citer *Laporte*, *Pin*, et surtout *Péreire* jeune...

Le PÈRE. — Mais ce sentiment de crainte, cette sollicitude que tu éprouves pour l'*inférieur*, ne les gardes-tu pas souvent en toi-même, de peur de décourager l'*inférieur ?*

MICHEL. — C'est cela même.

Le PÈRE. — Tu fais bien. Cela ne fait pas mal de se présenter quelquefois à l'inférieur sous cette forme exigeante, c'est une des faces de l'autorité et c'est elle qui est apparente, extérieure chez toi.

Mais il y a un point sur lequel je te prie de me dire ton sentiment. Je crois qu'en général tu n'élèves pas *directement* l'inférieur, et qu'au contraire tes relations *personnelles* sont souvent déprimantes. Mais d'un autre côté, il est juste de dire que, vis-à-vis du *supérieur*, tu ne laisses jamais échapper l'occasion d'élever à ses yeux l'*inférieur;* de sorte que celui-ci ne te suppose ni cette bienveillance, ni cette justice qui sont pourtant en toi, et dont il ressent les effets. Ainsi je crois être très-bien instruit par toi du mérite de tous les enfants que tu as sous ta direction, peut-être même ne me dis-tu pas aussi facilement les fautes, et toutefois je pense que plusieurs d'entre eux peuvent croire avoir été moins bien recommandés par toi à mon affection qu'ils ne l'ont été réellement.

MICHEL. — Cela doit être, PÈRE, mais permettez que je traduise en langage POLITIQUE ce que je viens de dire sous le rapport MORAL.

Le sentiment POLITIQUE qui correspond en moi au sentiment MORAL que je viens d'exprimer est celui-ci :

Je conçois que le PROGRÈS POLITIQUE doit avoir lieu, en ce moment encore, par l'*antago-*

nisme; je ne veux pas dire que nous ferons de l'*intolérance*, mais quoique nous devions être essentiellement PACIFIQUES, je crois qu'aujourd'hui, où beaucoup s'opposeront à nos progrès et lutteront contre nous, il nous faudra bien marcher souvent par *antagonisme*. Je m'explique.

Je crois que beaucoup de PROGRÈS seront toujours faits avec douleur, et qu'une grande partie des nôtres seront de ce genre. De grandes clameurs s'élèveront contre nous; nous recevrons des attaques de toute nature, et particulièrement dans notre MORALITÉ; il faudra savoir riposter avec des armes *analogues* à celles qu'on emploiera contre nous (je ne dis pas *les mêmes*), c'est-à-dire prendre à partie la MORALITÉ de nos adversaires.

C'est dans ce sens que je conçois qu'un grand nombre de nos PROGRÈS se feront par *antagonisme*. Mais pour bien vous faire sentir les deux faces de l'abnégation, je vais appliquer ce que j'ai dit sur CAZEAUX à ce que j'entends par ces PROGRÈS par *antagonisme*.

Pendant que certains hommes exciteront contre nous des débordements de haine et d'anathèmes, il y aura des hommes généreux qui, par réaction contre ces débordements, seront attirés à nous, et qui nous défendront contre les attaques auxquelles nous serons en butte, sans cependant adopter notre foi. Or, voici comment je conçois les deux formes du dévouement ; il y aura l'*abnégation* AUDACIEUSE et l'*abnégation* MYSTÉRIEUSE. La première consiste à aller soulever ces débordements, dans la foi où l'on est qu'il en résultera un PROGRÈS pour nous; cette *abnégation* AUDACIEUSE, je la conçois pour MOI, tandis que je crois qu'un homme du caractère et de la force de CAZEAUX pourrait avoir assez de foi et de vigueur pour pratiquer l'*abnégation* MYSTÉRIEUSE. Ainsi, par exemple, un pareil homme irait dans le monde s'efforcer de nous faire des *ennemis* afin de nous faire des amis...

Le PÈRE. — Entends-tu par là que nous pouvons, NOUS, concevoir et *ordonner* des missions de ce genre? ou bien veux-tu dire seulement qu'il y aurait en dehors de nous, en dehors de notre direction, des hommes qui, se rattachant d'une manière *incomplète* à la réalisation de l'avenir que nous annonçons, pourraient nous rendre des services qui seraient des conséquences de leurs hérésies. Sous ce dernier rapport ton idée serait vraie, quoique mal exprimée, car l'*hérésie* a toujours été, elle est en ce moment même, et elle sera toujours profitable à l'*orthodoxie*; mais prends garde de confondre les actes que fait commettre l'*hérésie* avec ceux que commande l'*orthodoxie ;* ainsi j'admets très-bien qu'un homme du caractère que tu as donné à CAZEAUX, et qui serait dans la position *hérétique* où celui-ci se trouve, pût nous rendre le service dont tu as parlé, de même que tous nos adversaires nous en rendent, avec cette différence qu'il y aurait chez lui désir de nous être utile : mais je voudrais savoir si tu regardes de pareils actes comme actes RELIGIEUX, quand bien même ils seraient faits dans un but que leur auteur croirait RELIGIEUX, et s'ils te paraîtraient devoir être considérés comme une manifestation *légitime* de la face de l'*abnégation* que tu as attribuée à CAZEAUX.

MICHEL. — Certainement les personnes qui rempliraient ce rôle seraient placées à un point de vue IRRÉLIGIEUX ; mais j'ai dit que le sentiment de l'*abnégation* qui est en moi avait besoin de deux suffrages, celui du *supérieur* et le *sien* propre ; tandis que l'homme qui remplirait la mission que je viens d'attribuer à CAZEAUX se contenterait du *sien ;* c'est tout ce que je voulais faire sentir par l'hypothèse que j'ai faite.

Le PÈRE. — Eh bien, continue.

MICHEL. — Une semblable *abnégation* serait IRRÉLIGIEUSE, et elle irait par cela même en ce moment à CAZEAUX, par suite de la disposition maladive où il est. Je ne puis donner une explication plus claire de cette espèce d'*abnégation*.

Mais tout à l'heure, quand j'ai dit que je concevais le PROGRÈS par *antagonisme*, j'ai vu que TRANSON semblait ne pas approuver ce que je disais. Je pense qu'un mot d'explication est encore nécessaire sur ce point.

TRANSON. — Je n'aime pas cette phrase : *nous faire des ennemis pour nous faire des amis.*

MICHEL. — Il y a cependant un fait sur lequel j'insiste. J'ai fait une réserve quand j'ai dit que nous étions des hommes PACIFIQUES. Tant que la FEMME ne sera pas au milieu de nous, évidemment nous ne pourrons et ne devrons manifester que des vertus MALES ; de sorte que nous pourrons avoir besoin *d'antagonisme* pour notre PROGRÈS, et le fait est que nous en rencontrerons beaucoup sur notre route. Si nous avions des FEMMES parmi nous, je le répète, il en serait autrement sans contredit, et alors il serait impossible qu'un SAINT-SIMONIEN ORTHODOXE allât exciter volontairement contre la doctrine des passions hostiles, en affrontant et bravant des débordements de haine. Mais tant que l'APOSTOLAT sera purement MALE, sa face MALE, ses vertus MALES prédomineront nécessairement parmi nous. Or, l'AUDACE dont je parle est une de ces vertus. Jusqu'à la venue de la FEMME, nous n'aurons pas assez d'amour tendre pour convertir à nous des dispositions très-passionnées et très-haineuses. Il y a quelques jours, je disais en causant et comme métaphore, que je considérais la doctrine comme un superbe vaisseau de ligne de cent vingt canons, faisant voile seul, à la vue d'une flotte ennemie nombreuse, composée de goëlettes, de bricks, de chasse-marée, etc. Tant que ces bricks et ces goëlettes se tiennent au large; tant qu'ils ne viennent pas embarrasser la route du vaisseau de ligne, celui-ci marche, sans faire attention à tous ces petits bâtiments. Mais si, parmi cette *flottaille*, il s'en trouve quelques-uns qui fassent force de voiles et viennent se poser devant le vaisseau, et qui dans cette position osent l'attaquer, alors le grand vaisseau n'a pas d'autre parti à prendre que de les disperser par quelques bordées.

Certes, si nous avions des FEMMES parmi nous, elles auraient des voix assez douces pour persuader à tous ces petits bateaux de se retirer, et de laisser passer notre vaisseau ; mais tant que nous serons des HOMMES seuls, je conçois que nous mettions un boulet dans nos pièces de l'avant ; aussi, c'est ce que je fais pour *le Messager* et *le Journal de Paris*, et c'est ce que je ferai aussi pour *le Figaro* et *le*

Corsaire, et quelques autres journaux qui nous attaqueront d'une manière trop dévergondée. Voilà, à mon sens, ce qu'il y a de mieux à faire à leur égard. Si nous n'employons pas ce moyen, il faudra nous choquer contre eux, et cela causerait des avaries au vaisseau de la doctrine.

Voilà l'explication de ces mots : PROGRÈS par *antagonisme*.

LAMBERT. — J'ai besoin de dire quelques mots relativement à TRANSON.

Sa nature n'est pas toujours très-affectueuse extérieurement. Eh bien, quand il est dans une pareille situation, vous avez dit, PÈRE, qu'il était de notre devoir de nous approcher de lui avec plus d'amour ; c'est-à-dire que lorsque nous le voyons triste et souffrant, nous devrions chercher à l'attirer par toutes les preuves de tendresse dont nous sommes capables.

Je crois que cela doit se faire avec beaucoup de délicatesse. Pour moi, j'aime beaucoup TRANSON, je l'aime comme un PÈRE ; c'est lui qui m'a amené à la doctrine ; c'est lui qui m'a rendu à la vie ; je ne l'oublierai jamais. Eh bien, j'ai voulu souvent aller à lui, dans ses moments de souffrance, et je m'en suis revenu, parce que je me suis aperçu que TRANSON, dans ces moments, aimait mieux son

MYSTÈRE ; il faut bien que son MYSTÈRE ait quelque chose de doux pour lui, puisqu'il repousse durement ceux qui l'approchent avec amour, et qu'il aime mieux être à *lui seul*.

Comme en nous parlant de nous, PÈRE, vous avez toujours soin de nous rappeler que c'est pour nous initier à la connaissance du monde, je pense qu'il y a aussi dans le monde beaucoup de caractères semblables à celui de TRANSON, qui ne doivent pas être assaillis par des témoignages d'amour-propre trop forts. Moi, lorsque je vois Transon triste, je tâche de le faire rire en lui parlant de choses étrangères à sa douleur, je suis sûr qu'il m'aime mieux ainsi, même lorsque je ne réussis pas à l'égayer.

Le PÈRE. — Tu as bien raison de le traiter selon sa nature, et de ne pas troubler, en général, son MYSTÈRE. Toutefois, songe bien que lorsqu'une nature abstraite est souffrante, est malade, elle peut l'être par suite d'un développement anormal, *excessif* de sa *spécialité*, comme elle peut l'être aussi parce que cette *spécialité* ne reçoit pas une *légitime* rétribution d'amour. Il y a donc deux moyens à employer dans les cas maladifs de toute nature *spéciale* prononcée, et c'est en effet au tact et à la délicatesse de ceux qui aiment le malade, qu'il est réservé de choisir le bon médicament ; et ce choix est d'autant plus facile que l'on connaît bien le tempérament du malade, parce qu'alors les accidents, les symptômes de la maladie ne trompent plus.

Au reste, fais rire TRANSON, d'autres peut-être devront s'efforcer de le faire pleurer ; ce n'est donc pas sur la nuance du traitement que nous pouvons appuyer ici ; il est même certain qu'en l'absence de la FEMME, nous serons fort inhabiles, et souvent tout à fait impuissants, dans nos relations MORALES surtout avec des hommes qui ne seraient pas, comme doivent l'être des APÔTRES, dans une position NORMALE. Mais cette *psychologie* que nous étudions ici sur nous-mêmes est un arsenal que nous devons remplir pour la campagne prochaine, puisque nos combats se livreront sur le champ de la MORALE bien plus que sur celui de la POLITIQUE.

En voilà assez pour aujourd'hui.

QUATORZIÈME ENSEIGNEMENT[1]

DÉCEMBRE 1831. SALLE TAITBOUT

Le PÈRE. — STÉPHANE, dis-nous ta PROFESSION de FOI .

1. Voir la prédication de Transon du 1er janvier.

Stéphane[1]. — PÈRE, vous nous avez demandé comment nous sentions *DIEU*, VOUS et nous-mêmes. Je crains de ne pouvoir formuler *dogmatiquement* ma foi ; pourtant je vais vous répondre.

PÈRE, vous nous avez dit : *DIEU* est la VIE UNIVERSELLE. La manière dont nous sentons la vie est donc l'expression de notre foi en *DIEU*.

Longtemps avant de vous avoir approché, j'avais songé vainement au grand problème de l'*âme* et du *corps*, et à *DIEU* qui était alors pour moi une idée abstraite seulement. Dans le sein même de la famille, l'incertitude me suivait ; mais j'avais foi en VOUS, et je marchais. Enfin je sentis que cette attraction qui faisait ma vie ; que cette puissance, que je voyais en VOUS et dans mon père Michel, de m'entraîner vers notre grande destinée ; que cette force qui me donnait ma mission, c'était *DIEU* lui-même ; et je me demandais comment j'avais pu rester si longtemps dans les abstractions d'un *mysticisme* vague. Je sentais en moi cette VIE nouvelle que vous m'aviez donnée, et que chaque jour vous renouveliez et agrandissiez, et alors je me suis dit : Pour que l'homme, être fini, puisse sentir *DIEU*, être infini, il faut qu'il se

1. M. Stéphane Mony vient d'être nommé député au Corps législatif, dans le département de l'Allier.

sente AIMÉ et qu'il AIME, car plus il AIMERA et se sentira AIMÉ, plus aussi il s'avancera vers l'amour INFINI, vers la VIE UNIVERSELLE, vers *DIEU*.

Voilà comment je sens *DIEU*.

Quant à vous, PÈRE, ce que je viens de dire montre toute ma FOI en VOUS ; mais permettez-moi de rappeler ce que j'ai éprouvé, lorsque, revenant d'un voyage pendant lequel s'était opérée notre dernière évolution, je vins ici, ignorant complétement ce qui s'était passé. C'est mon frère BAUD qui est venu me rendre compte de tout, et après qu'il eut cessé de parler, une voix de FEMME me dit : Nous n'avons pas à hésiter, allons demander à notre PÈRE ENFANTIN sa bénédiction. Alors je vins vous trouver; après vous avoir embrassé, je vous ai dit qui j'étais ; je vous ai assuré que la FOI profonde qui était en moi ne s'altérerait jamais un seul instant, mais je vous ai demandé la permission et le temps de la *vérifier*, de la *justifier* par la méditation et l'étude; car j'en avais besoin, étranger comme je l'étais à toutes les idées nouvelles que vous aviez données. Vous m'avez répondu : Fais-le.

Alors j'ai écouté presque tous les DISSIDENTS, et si je n'avais pas complétement senti alors que la doctrine n'était qu'avec VOUS, c'était qu'il y aurait eu en moi absence de sentiment RELIGIEUX, car j'ai vu tomber les hommes les plus forts jusqu'à la personnalité la plus vulgaire, la plus puérile, lorsqu'il s'agissait de questions aussi graves que celles que nous étions appelés à résoudre, et se livrer à des sentiments de haine qui manifestaient assez leur HÉRÉSIE.

Je n'ai plus balancé. Pour la première fois j'ai amené au sein de la famille SAINT-SIMONIENNE ce que j'avais de plus cher au monde, et je vous ai dit : « Me voici, PÈRE, vous voyez que ma foi ne s'est » pas ébranlée, donnez-moi, je vous prie, des *ex-* » *plications* sur ce que je n'ai pas bien *compris*. »

Tout, dans cette conversation que j'eus alors avec VOUS, s'est résumé en moi par un seul mot ; j'ai vu que je n'avais pas *compris* le PRÊTRE ; je le SENTIS en VOUS, je vis que vous étiez l'HOMME NOUVEAU, le PRÊTRE de la foi nouvelle.

C'est ainsi, PÈRE, que je vous SENS.

Quant à MA PROPRE destinée, je n'avais pas d'abord senti ma mission auprès des OUVRIERS. J'aimais tant le PÈRE MICHEL que je me croyais destiné à être avec lui, à travailler au *Globe*, où je me trouvais heureux d'être sous sa direction. Quand FOURNEL s'est retiré, le PÈRE RODRIGUES m'a dit de le remplacer auprès des OUVRIERS ; je l'ai fait, pensant que FOURNEL revieudrait bientôt ; j'étais convaincu qu'il était plus propre que moi à cette œuvre ; je l'ai acceptée comme fonction provisoire ; je l'ai prise, pour ainsi dire, par *abnégation*, en disant au PÈRE RODRIGUES, que je ne me croyais pas capable de remplir une aussi haute fonction ; et je lui demandai que, dans le cas où FOURNEL reviendrait, il voulût bien la lui restituer.

Ce sentiment n'est pas changé ; j'ai besoin, je le sens, qu'un autre plus capable vienne vite la remplir, mais je suis tellement changé depuis que vous m'avez fait toucher les PROLÉTAIRES, je les ai trouvés si grands, si admirables, si bons, je me suis senti tellement grandir en eux, que si je devais quitter leur direction, je vous demanderais de rester avec eux.

Le PÈRE. -- Tu es bien avec les PROLÉTAIRES ; tu resteras avec eux.

Et toi, *Bruneau*, veux-tu nous dire ta FOI ?

Bruneau. — Je suis parti de PARIS au moment où la crise n'avait pas encore eu lieu, où la hiérarchie n'était pas ce qu'elle est aujourd'hui, et je suis de retour depuis bien peu de temps ; mais aujourd'hui, comme alors, je suis plein de FOI dans la doctrine.

Le PÈRE. — Dis-nous comment tu te sens lié à MOI, comment tu TE sens toi-même, et comment tu sens *DIEU*.

Bruneau. — Je suis resté absent longtemps, et n'ai pu assister aux enseignements que vous avez faits, j'ai besoin de me recueillir. Du reste, je puis dire immédiatement que j'ai une foi complète en vous, d'après tout ce que vous avez déjà fait, et d'après ce que vous vous proposez d'accomplir, dans la phase nouvelle où vous nous faites entrer.

Le PÈRE. — Tout en ne connaissant pas en détail les *idées* sur lesquelles nous allons fonder la *pratique* nouvelle de notre VIE, as-tu FOI que la phase actuelle TE permettra, à TOI en particulier, de sentir plus largement TA mission, la NÔTRE et la MIENNE? En d'autres termes, regardes-tu le mouvement qui s'opère en nous comme devant T'élever, te grandir, et nous donner à TOUS un caractère plus élevé que celui que nous avions avant? En un mot TE sens-tu et NOUS sens-tu plus RELIGIEUX?

Bruneau. — Je crois que la phase actuelle présentera des obstacles plus difficiles à surmonter que ceux qui nous ont été opposés jusqu'ici, mais je me sens fort de mon dévouement pour notre œuvre, et quant à VOUS, PÈRE, je vous aime.

Le PÈRE. — Je te demande si, en présence de

l'œuvre que nous avons aujourd'hui mission d'accomplir, tu TE sens plus ému que jamais; si tu sens qu'il s'agit pour NOUS TOUS de la vie la plus large, la plus grande, la plus belle, et par conséquent, pour TOI en particulier, d'une vie d'honneur, de gloire et de sainteté? Ce que nous avons à faire ici, c'est de nous sentir tellement UNIS par la mission que *DIEU* nous a donnée à TOUS, que la foi de *chacun* de nous en *lui-même* s'élargisse, que nous ayons plus de confiance dans *notre* force, dans *notre* taille, au risque même de laisser sommeiller un peu notre *modestie*, notre *humilité*; car il nous faut plus encore que *résister* au monde, nous devons lui *imposer* la foi qui est en nous. Plus nous sentirons d'*individualités* fortes, ayant conscience d'*elles-mêmes*, réunies dans notre petit milieu APOSTOLIQUE, plus nous sentirons aussi que nous formons un *corps* puissant. C'est la conscience de cette puissance *personnelle* que je désire t'entendre exprimer, lorsque je te demande de dire quelle est TA disposition RELIGIEUSE; tu sais bien que je suis loin de douter de ta foi, de ton courage, de ta solidité, il y a trop longtemps que nous nous connaissons pour que je sois incertain, mais je désire que tu exprimes toi-même *qui* TU *es*. Quelques mots suffiront.

Eh bien, tu ne dis rien... ton silence est le résultat d'une émotion qui, j'en suis certain, est bien religieuse ; mais efforce-toi de nous dire ce qui se passe en toi dans ce moment.

Bruneau. — Je ne puis parler.

Le PÈRE. — Eh bien, à une autre fois ; tu y réfléchiras, et dans une autre réunion tu nous parleras.

Raymond Bonheure, dis-nous ta PROFESSION DE FOI.

Raymond Bonheure. — PÈRE, je crois en VOUS comme je crois au soleil ! vous êtes à mes yeux le soleil de l'humanité ; vous la réchauffez de votre amour, vivante image de l'amour INFINI de *DIEU*.

C'est ainsi que je VOUS sens, et que je sens la VIE UNIVERSELLE.

Tous les membres de l'humanité sont des membres de ce grand PAN des anciens ; je les vois tous graviter vers une PERFECTIBILITÉ INDÉFINIE ; vous, PÈRE, vous inspirez et dirigez cette marche divine, car vous êtes placé au sommet de la vie humaine.

Pourtant ma FOI en VOUS n'est point aveugle ; car si VOUS ne marchiez pas, JE le sentirais, et je serais prêt à suivre celui qui vous dépasserait.

Et maintenant, pour ce qui ME concerne dans notre œuvre, je vais vous dire MA vie.

J'ai vu de grandes joies et de grandes douleurs, et je les ai moi-même éprouvées ; mais j'ai senti surtout les souffrances des FEMMES ; toute ma vie, je puis le dire, a été consacrée à aimer les FEMMES ; et je les ai aimées en ARTISTE ; c'est pour ELLES que j'éprouve le besoin de parler, d'agir ; je désire m'approcher d'elles, parce qu'elles sentent que je les aime, et aussi parce que je me sens plus noble, plus grand, plus saint lorsque je touche une FEMME.

J'aime aussi l'HARMONIE, et je la cherche partout dans le MONDE, car *DIEU* est TOUT CE QUI EST ; l'HARMONIE, la PAIX, c'est là ma vie, et pourtant *DIEU* ne m'y a conduit qu'à travers la lutte et les désordres du monde.

Au milieu de ce désordre, j'ai rencontré le vice et la vertu : et si je ne suis pas tombé plus souvent, si même je me suis toujours élevé, enfin si je suis aujourd'hui parmi vous, c'est que j'ai toujours cherché le *plaisir* autant que la *lumière*, et que notre mission à nous, APÔTRES, est de donner le *plaisir* et la *lumière* au pauvre PEUPLE.

Or, je suis PEUPLE, moi ; je suis PROLÉTAIRE.

En vous, PÈRE, j'ai trouvé ma *lumière*, les

FEMMES nous donneront le *plaisir*. Voilà ma FOI.

PÈRE, autrefois il m'arrivait, tantôt de toucher au ciel, tantôt d'être courbé vers la terre. Alors personne ne me soutenait ; la plupart du temps, MOI, si désireux de *plaisir*, j'ai vécu d'*abstinence* ; mais le désir et l'espoir d'être utile un jour à mes semblables m'ont toujours fait considérer ces privations comme peu pénibles. Je suis donc habitué à toute espèce de souffrance, je les supporterais jusqu'à la mort ; je me sens donc la taille d'un APÔTRE ; MA mission sera celle que VOUS me donnerez.

Le PÈRE. — Il faudra t'entretenir quelquefois avec *Henry*, et surtout avec *Baud*. Tu disais tout à l'heure que tu éprouvais le besoin de *parler* pour les FEMMES ; va donc auprès de *Baud*, ta voix est vibrante et sonore, tu parleras.

La parole du PEUPLE va bientôt modifier la nôtre ; bientôt le PROLÉTAIRE ne nous demandera plus nos *prédications*, il voudra un autre enseignement, et lui-même nous en inspirera la forme. Hier TALABOT m'a amené deux hommes, deux OUVRIERS, qui me disaient : « PÈRE, il n'y a que » NOUS pour faire de grandes conversions, des con» versions *générales* dans le PEUPLE. » Ils avaient raison de réclamer leur part, et une large part dans cette œuvre, mais ils avaient tort de prétendre la faire *seuls;* car pour convertir le PEUPLE, la voix du PROLÉTAIRE ne suffit pas; il faut être *deux* pour cela, il faut être du PEUPLE et il faut aussi n'en pas être, comme il faut être HOMME ET FEMME pour convertir les HOMMES et les FEMMES, et même pour convertir les HOMMES seulement ou les FEMMES seulement.

Le PEUPLE a quelque chose qui n'est pas seulement PEUPLE, car on est HOMME avant d'être homme du PEUPLE, par conséquent, je le répète, il faut être deux pour le convertir; cherchons donc les hommes qui peuvent le mieux, parmi nous, marier leur voix BOURGEOISE à celle du PROLÉTAIRE, pour parler *ensemble* au PEUPLE.

Toi *Raymond*, qui as en toi les *deux natures*, qui es ARTISTE et PROLÉTAIRE, exerce ta parole ; elle a une puissance, pour ainsi dire, charitable, matérielle ; maniée par la FOI, elle remuera l'OUVRIER. Je me rappelle que dans la seule cérémonie que nous ayons eue, avant la transformation de la hiérarchie, tu as été chargé d'annoncer à haute voix l'entrée des PÈRES, ce mot ne doit pas être perdu ; qu'il soit donc le symbole de ton avenir, le signe de ton œuvre ; tu as été le HÉRAUT dans cette première communion de la famille, et *DIEU* nous promet un CULTE plus grand, des *cérémonies* plus imposantes.

Bien des hommes ne viendront à nous que lorsqu'ils sentiront nettement leur fonction parmi nous; toi *Raymond*, tu souffres, parce que tu cherches encore ta place; et pourtant il faut que tu patientes; car, d'après ce que tu nous as dit de l'avidité avec laquelle tu cherches le *plaisir* pour le PEUPLE, d'après ton amour pour le *beau*, pour les *formes* et la *lumière*, tu n'auras ta vie complète avec nous que lorsque notre CULTE sera fondé.

Vois donc *Baud* et *Henry*, leur contact te sera très-bon.

Raymond Bonheure. — PÈRE, vous m'avez très-bien senti; en effet *Baud* et *Henry* sont les deux hommes que j'aime le mieux dans la famille. L'autre jour, par exemple, lorsque *Baud* parlait, il me semblait qu'il m'avait dérobé mes idées, tant il y a de conformité entre sa manière de sentir et la mienne.

Le PÈRE. — *Pin*, tu n'as pas assisté aux séances précédentes; veux-tu cependant nous dire quelques mots sur ta FOI?

Pin. — Il me serait difficile d'exprimer les sentiments qui m'animent, depuis quelque temps surtout, car j'ai traversé beaucoup d'incertitudes; cependant il est une chose dont je n'ai jamais douté, c'est l'avenir de la doctrine.

PÈRE, je vous ai suivi, parce que j'ai senti que vous étiez incontestablement le plus fort et le plus puissant. Cependant j'ai un peu hésité sur l'avenir de vos *théories* MORALES qu'on m'avait dépeintes d'une manière exagérée, absurde même, et que j'ai comprises, du moins en partie, dans les divers développements que vous en avez donnés. Je vous ai surtout suivi, parce que j'ai foi dans l'avenir de la doctrine; et, je l'avouerai même, c'est peut-être moins par amour pour VOUS, par attachement pour VOTRE personne, que par suite de la conviction où j'étais que vous étiez le plus CAPABLE; sans doute, une semblable FOI est incomplète, mais enfin c'est celle qui, d'abord, m'a fait vous suivre.

Depuis ce moment j'ai senti que mon affection pour VOUS se développait, et chaque jour je VOUS aime davantage.

Quant à MA mission, jusqu'à présent j'ai fait ce que j'ai cru être utile; je sens même que je ne fais pas mal ce que je fais, mais je ne sais pas réellement à quoi je suis apte, je ne me connais pas entièrement.

Le PÈRE. — J'aurais besoin de t'entendre exprimer ton sentiment RELIGIEUX, et je m'arrête sur l'importance que j'attache à ce que chacun de nous fasse sa PROFESSION DE FOI sous ce rapport. Nous ne pouvons nous borner à répéter des formules, comme le CHRÉTIEN qui récitait sans cesse les mêmes prières. Sans doute nous aurons aussi, et nous avons déjà des formules *communes*, mais elles doivent être de nature à permettre à chacun d'y appliquer sa forme *particulière*. Aujourd'hui il m'importe d'être entouré d'hommes qui aient sur EUX-MÊMES, et sur le MONDE, et sur MOI et sur *DIEU*, les mêmes sentiments que moi ; mais ce que je désire surtout, c'est que l'expression de ces sentiments soit bien à EUX, et qu'elle porte le cachet de leur *individualité*.

Pin. — Jusqu'au jour où je suis entré dans la doctrine, j'avais peu d'estime pour les hommes. Sans les haïr, je ne les aimais pas, je les fuyais. Ici je me suis d'abord rattaché, non aux hommes, mais à l'ensemble des idées ; elles m'avaient plu, elles m'avaient saisi.

Je me rappelle que dans la première conversation que j'eus avec le PÈRE LAURENT, il croyait parler à un homme POLITIQUE, et il ne traitait que la question POLITIQUE ; mais dès qu'il me fit entendre le mot de religion, je lui dis que la RELIGION me semblait le seul moyen d'amener les hommes à réaliser les théories POLITIQUES de la doctrine. Cela l'étonna beaucoup, et il me dit qu'il ne s'attendait pas à m'entendre parler ainsi. Et cependant je n'étais pas RELIGIEUX.

Avant d'entrer dans la DOCTRINE, je ne pouvais sympathiser avec aucun CULTE; aujourd'hui même je ne sens pas encore le CULTE de l'avenir. Je pense bien que quelque chose de grandiose pourra saisir les masses, mais je ne crois pas qu'on puisse produire ainsi une bien grande impression sur l'homme fort et intelligent. Cependant je dois dire que chaque jour je sens un peu mieux l'importance du CULTE pour l'avenir.

J'ai dit tout à l'heure qu'autrefois je n'aimais pas les hommes, cependant je ne sache pas que j'aie jamais eu de haine *individuelle;* ma vie PRIVÉE ne me rappelle rien de semblable. Quant à ma vie POLITIQUE, j'ai été conspirateur, non certes dans un intérêt PARTICULIER, mais dans l'intérêt SOCIAL. A cette époque de ma vie, j'étais médecin et je jouissais de quelque fortune; le *dévouement* que je montrai dans nos affaires POLITIQUES semble donc en contradiction avec ce que je disais tout à l'heure de mon peu d'amour pour les hommes; c'est que je ne les aimais pas *individuellement*, tandis que je les aimais, et je les estimais en *masse*.

Après mon entrée dans la DOCTRINE je suis resté assez longtemps encore livré à cette misanthropie; mais peu à peu j'ai apprécié le caractère de quelques-uns, j'ai senti que je devais les aimer; j'ai reconnu qu'il y avait parmi eux des hommes supérieurs à ceux que j'avais connus autrefois et qui m'avaient inspiré contre les hommes une opinion si désavantageuse. Dès lors j'en ai aimé plusieurs, même un assez grand nombre, et je puis dire que j'ai trouvé dans ces relations un bonheur bien doux, qui m'était inconnu. Je sens aujourd'hui que je peux me confier à des hommes; que je peux aimer et être aimé.

Le PÈRE. — Ce que je désire surtout savoir de toi, c'est comment, si tu étais en présence d'un athée ou d'un chrétien, d'un juif ou d'un païen, tu résumerais ta FOI RELIGIEUSE, pour la rendre nette, précise, sensible; comment par exemple leur montrerais-tu l'influence MORALISANTE qu'exerce sur toi ce DOGME : *DIEU* EST TOUT CE QUI EST? *nul de* NOUS *n'est* HORS de LUI, *mais aucun de* NOUS *n'est* LUI? comment leur ferais-tu sentir que cette FOI t'oblige à une conduite MORALE différente de la LEUR? car tu sais bien que toutes nos *idées*, tous nos *actes*, sont des déductions de la manière dont nous sentons *DIEU*, NOUS et LES AUTRES en *DIEU*, et que cette croyance est la base de notre VIE RELIGIEUSE.

Je te demande cela, parce qu'il m'a semblé, dans tout ce que tu nous as dit, entendre le *misanthrope* devenu *philanthrope*, mais non pas l'homme RELIGIEUX, RELIGIEUX selon notre FOI. Or pour avoir, les uns envers les autres, une affection véritable et puissante, il faut que le sentiment qui nous RELIE soit en TOUS, et *le même* pour TOUS.

Au reste, pour nous rendre compte de ce que je te demande, tu peux te borner à nous dire comment tu t'expliques la relation qui existe entre ton *dogme* RELIGIEUX, et tes dispositions actuelles envers les hommes, si différentes de ce qu'elles étaient autrefois.

Pin. — Jamais je n'ai cherché à me rendre compte de ces choses; seulement, à présent que vous m'en parlez, je sens en effet que je suis tout autre qu'à l'époque où je conspirais. Alors je n'étais pas heureux, aujourd'hui je le suis. Alors je craignais sans cesse que nos conspirations fussent découvertes, ou qu'elles n'eussent pas le résultat que je désirais. Aujourd'hui je suis content et tranquille, je suis certain que l'avenir est à nous; que la doctrine est ce qu'il y a de plus vivant, de plus grand, je ne dirai pas de plus certain, car son succès est à mes yeux la chose la plus *évidente*, la plus *palpable*, je ne connais pas d'obstacles, quelque grands qu'ils soient, que nous ne puissions franchir.

Le PÈRE. — Tu ne m'as pas compris. Dans ce que tu viens encore de dire, je sens toujours ta *philanthropie*, non ta RELIGION. Ainsi pourquoi affirmes-tu que la doctrine ne saurait manquer de réussir et que nous avons l'avenir de l'humanité? Sur quoi te fondes-tu pour oser affirmer ainsi que nous occupons telle ou telle place dans les destinées universelles?

Je me rappelle que ta première PROFESSION DE FOI, écrite à LAURENT, il y a plusieurs mois, était très-RELIGIEUSE, mais sous une forme MÉTAPHYSIQUE ; aujourd'hui c'est sous une forme POLITIQUE que tu nous la présentes, mais la MÉTAPHYSIQUE et la POLITIQUE ne suffisent pas, ce n'est pas là toute la vie.

Rien ne m'a fait sentir que tu rattachasses aussi ta foi aux destinées de ce qui n'est pas HOMME, à l'avenir de la *terre*, des *astres*, du MONDE, au progrès de l'*industrie*, au développement de la CHAIR dans la *nature;* et cela explique assez pourquoi tu sens si peu le besoin d'un CULTE pour les hommes forts et *intelligents*, et pourquoi tu le destines aux *masses*. Tu n'as rien dit non plus de l'avenir de la FEMME, et du rôle magnifique que l'appel que nous LUI faisons NOUS assigne.

Tu réfléchiras à tout ceci, et en causeras avec LAMBERT.

Delaporte, dis-nous ta PROFESSION DE FOI.

Delaporte. — Je regrette vivement que vous ne m'ayez pas demandé plus tôt ma profession de foi, parce que je ne vous dirai peut-être pas, à beaucoup près, ce que j'avais à vous dire. Depuis trois jours, j'ai formulé sous des milliers de formes ce que je voulais dire, et toutes celles qui me sont passées à l'esprit ne me reviendront plus, car je ne puis *revenir* sur ce qu'une fois j'ai senti, je ne fais jamais un pas en *arrière*; j'ai donc oublié tout ce que j'avais préparé, et peut-être ce que je trouverai aujourd'hui sera-t-il bien incomplet.

Suis-je un *logicien* ou un homme de SENTIMENT? C'est ce qui n'est pas encore bien clair pour moi. Je ne suis peut-être pas très-propre à déduire les *conséquences* d'une idée, mais dans ma VIE je suis *logicien* tout à fait; ainsi dès qu'une *idée* est devenue pour moi un SENTIMENT, il faut que ce SENTIMENT se *réalise*, et je n'ai pas un instant de CALME, que je n'ai vécue de la vie nouvelle que j'ai entrevue.

Je ne suis pas sensible, autant que beaucoup d'autres, aux peines *individuelles*, mais la sensibilité *sociale*, je l'ai beaucoup plus que bien d'autres; aussi dans tous les maux que je vois autour de moi, je ne ressens bien que ceux que je sais être *communs* à *beaucoup* d'êtres. Par exemple, une femme est venue à moi, me faire le récit des souffrances qu'elle avait éprouvées pendant sept années où elle s'est trouvée sous le joug le plus cruel; c'était celui de son mari. J'ai senti très-vivement sa peine, parce que je sais que dans la société actuelle, il y a une bonne moitié des femmes qui éprouvent le même supplice, et des milliers d'hommes aussi qui souffrent le martyre auquel son mari est en proie, lorsqu'il dit à cette femme: « Laisse-moi, va-t'en, je te hais! » lorsqu'il l'injurie et qu'il la bat, et il la battait souvent, m'a-t-elle dit.

Elle me disait encore que, dans ses accès de haine, son mari l'aurait laissé mourir de faim, et lui donnait à peine de quoi pourvoir misérablement à sa subsistance, deux sols par jour. Eh bien tous les détails de ces douleurs sans nombre, je les ai assemblés en moi, et les ai ressentis de la manière la plus vive, parce que ces souffrances avaient un caractère de *généralité;* mais il n'en est pas ainsi des souffrances *individuelles;* ainsi j'aurais passé auprès d'une femme sur laquelle une poutre serait tombée, sans la relever, sans y faire attention, parce que ce malheur n'aurait été qu'*individuel.*

Dans toute ma vie passée, j'ai toujours marché vers un bonheur de plus en plus grand ; car je me suis toujours avancé vers une vie de plus en plus sociale, et je crois que telle est la destinée de tous ; je crois que tous doivent développer et répandre de plus en plus leurs sentiments, et COMMUNIER ainsi avec un *plus grand nombre* d'êtres.

Avant d'être SAINT-SIMONIEN, j'étais déjà *cosmopolite* dans toute la force du mot ; la différence de *nation* était imperceptible pour moi, et un citoyen français ne me paraissait pas préférable à un homme d'un autre pays. Tous les hommes indifféremment étaient pour moi des *concitoyens.* En POLITIQUE j'étais radicalement *républicain.* Je considérais chaque homme comme étant à lui seul un monde entier ; je ne reconnaissais à personne le droit de m'imposer une *loi*, et moi-même je ne me croyais pas le droit d'en imposer à qui que ce fût, pas plus par AMOUR qu'autrement ; car je croyais que toute espèce d'*autorité* sur des hommes étant un *despotisme*, était mauvaise.

En MORALE j'avais nié toute *loi.* Pour moi, l'état

de *lutte*, de *concurrence*, de *guerre* était l'état naturel des hommes. L'homme qui secouait le joug d'une *loi* MORALE OU POLITIQUE ou autre, sous le rapport de la *propriété*, ou dans les relations des *sexes*, ou sous tout autre rapport, me semblait rentrer dans son *droit* qui était de faire la guerre à ce qui l'entourait, puisque ce qui l'entourait lui faisait la guerre. S'il était vainqueur, tant mieux, s'il était vaincu, tant pis. Ainsi, j'applaudissais lorsqu'il se livrait à ce combat avec courage, fût-ce même le courage d'un bandit. Je dirai même que j'aimais beaucoup les hommes qui étaient des types en ce genre. Dans BYRON, mes héros favoris étaient *le Pirate*, *Manfred*, *Don Juan*, etc., en un mot j'aimais ces hommes qui avaient brisé tous leurs liens avec le monde, et cependant dans la pratique de ma vie, j'étais un homme d'amour; j'avais une sorte de volupté à m'endurcir le cœur, et cependant c'était contre ma nature, car j'aurais toujours voulu faire le bien; enfin je me maudissais souvent de ne pas suivre ma loi, je m'accusais de faiblesse pour ne pas le faire, car je ne rêvais que guerre, que destruction.

En fait de RELIGION, j'étais *athée* autant qu'on peut l'être, je ne croyais à *rien*. L'amour me semblait un sentiment de faiblesse; si je ne faisais pas le mal, c'était, suivant moi, par suite de ce sentiment de pusillanimité, c'était parce que je ne me sentais pas le courage de supporter la vue des êtres qui auraient souffert à cause de moi. Mais je me souviens que lorsque je lisais dans l'histoire des SAINTS, je me complaisais au récit de leurs *tortures ;* et alors c'était moins avec le *supplicié* que je sympathisais, qu'avec le *bourreau.* Souvent je me disais que j'aurais aimé à être un de ces *massacreurs* du moyen âge, et cependant je puis dire que je n'ai jamais donné une *chiquenaude* à qui que ce soit.

Quand j'ai reçu la foi SAINT-SIMONIENNE, ma vie s'y est bien vite conformée, parce qu'il n'y avait plus en moi aucun empêchement à ma transformation. En m'attachant à VOUS, j'ai vu que je donnerais une satisfaction bien grande à ma nature, car ma véritable nature c'était l'AMOUR. Je suis un être aimant, je voudrais toujours être doux et tendre pour tout le monde. Tous ceux de mes *frères* dont je me suis le plus rapproché, ont dû remarquer en moi le besoin de les aimer, et de leur témoigner mon affection par mes embrassements et mes caresses; et j'ai besoin aussi que ceux qui m'entourent m'aiment et me témoignent leur amour d'une manière expressive. Autant je ne voyais autrefois autour de moi que haine et que guerre, autant je n'y vois maintenant qu'amour et tendresse. Je le trouve partout, cet amour, et je sens que DIEU doit être amour. Chaque être est entouré pour moi aujourd'hui d'un milieu qui l'aime, qui a une volonté, qui se dirige vers lui, et de même sa propre volonté le dirige vers ce milieu, s'unit à lui, l'embrasse et le caresse. Il me semble voir autour de chaque vie un cercle d'amour qui s'étend sans limites jusqu'à l'INFINI, et l'INFINI c'est DIEU.

Je suis donc pour tous les êtres qui m'entourent, comme l'enfant dans le sein maternel, avant de voir le jour, bercé par les mouvements de celle qui lui donne la vie. Dans l'union de ce milieu qui m'entoure avec moi-même, je vois un être complet; mais de même que je ne vois pas, dans le sein maternel, un être qui ait une existence indépendante, de même je ne vois pas dans ce milieu où chaque être se trouve, ni dans cet être lui-même, l'unité de volonté, l'indépendance de la vie; chacun est un organe, un membre qui exécute la volonté du TOUT dont il fait partie, de l'être collectif qui l'embrasse. Ainsi chaque homme est un organe de l'humanité; qui exécute la fonction de vie que l'humanité lui assigne; et l'humanité elle-même me semble, dans le sein d'un autre être, dans la même position où je suis par rapport à elle; et ainsi de suite; et le dernier terme de cette progression c'est l'INFINI, c'est *DIEU*.

Je me sens lié à tous les êtres, à quelque distance que je sois de ces êtres, en quelque lieu qu'ils soient, parce que je sens que la vie c'est l'amour, et que l'amour nous lie à TOUT CE QUI EST. Ainsi, dans le sein de la DOCTRINE, dans le MONDE, dans *DIEU* enfin, je sens ce lien d'amour comme étant la force de tout être *supérieur* pour favoriser le développement de l'être *inférieur*, pour l'engendrer, pour l'élever.

Et je suis convaincu qu'EN MOI il y a une foule d'êtres, comme HORS DE MOI, qui vivent avec moi d'une vie COMMUNE, et qui se développent *simultanément* avec moi.

C'est ainsi que je sens le LIEN UNIVERSEL qui m'UNIT à tous les êtres, que je sens *DIEU*.

Quant à la phase dans laquelle nous entrons, tout ce que j'ai déjà dit a dû montrer comment je la sentais, comment je la comprenais. Je n'ai pas besoin de dire que, dans le sein de la DOCTRINE j'ai eu des instants de plus en plus heureux, jusqu'au moment où a éclaté la crise qui a désuni quelques-uns de mes PÈRES et de mes *frères*. Cependant jusque-là, la DOCTRINE n'était pas encore pour moi une

FAMILLE, je n'y trouvais pas le bonheur, je n'y voyais pas la vie SAINT-SIMONIENNE ; mais maintenant je sens cette vie, je la sens qui se développe à l'infini; je suis comme un vivant qu'on aurait retiré du sépulcre; VOUS avez levé cette pierre énorme qui pesait sur moi, le jour où VOUS vous êtes posé comme CHEF de la DOCTRINE, et où vous nous avez fait vos enseignements; toutes VOS paroles, depuis lors, ont été pour moi une nouvelle vie.

Ainsi, mardi dernier, je le disais hier soir, VOUS avez augmenté infiniment mon bonheur ; je sens qu'aujourd'hui je puis VOUS parler, et à tous ceux qui vous entourent, à cœur ouvert et sans aucun détour; auparavant je ne le pouvais pas; quand je m'adressais à vous, PÈRE, et à mes *frères*, je ne leur disais que des choses vagues; aujourd'hui je me sens la force de dire ma vie dans ses moindres détails; je sens, en un mot, que la vie saint-simonienne se développe en nous dans toute sa franchise et dans toute sa beauté.

Mon PÈRE FLACHAT m'a annoncé hier la fonction pour laquelle je suis le plus propre. C'est d'aller vers les personnes qui ont des idées éloignées de celles de la plupart des hommes, des sentiments extraordinaires, bizarres, étrangers aux sentiments habituels de la société extérieure. Je crois, en effet, être propre à leur porter une vie nouvelle qui, dans les premiers moments, pourra les bouleverser et leur causer quelque douleur, mais je me sens assez de force pour bien remplir cette mission, sans être arrêté par la crainte de sacrifices *individuels*, car je n'ai jamais reculé devant de pareils sacrifices, en vue d'un intérêt *général;* que ces sacrifices fussent faits par moi ou par d'autres.

Quant à vous, mon Père, je vous sens comme étant le seul homme que j'aie encore rencontré qui sache à la fois répondre aux besoins de *tous* et découvrir ce qu'il faut à *chacun*. Pour moi, je sens en VOUS la personne dont chacun des sentiments, chacune des paroles, chacun des actes, est le sentiment que je désirais voir exprimer, la parole que je désirais entendre, l'acte que je voulais voir accomplir, et je VOUS aime comme étant à la fois la manifestation la plus haute de la vie GÉNÉRALE, et aussi la manifestation la plus avancée de ma vie.

Le PÈRE. — Tu as dit beaucoup de choses qui nous ramèneront au sujet soulevé l'autre jour par d'EICHTHAL et par *Haspott;* mais avant d'y revenir, tu as une explication à donner sur un point de ta conversion, sur lequel tu as passé trop rapidement.

Puisque tu as pris ton type dans BYRON, il en résulte que tu es arrivé à la vie nouvelle par une autre route que par MOI, car ce n'est pas celle-là que j'ai suivie. Lorsque la parole de SAINT-SIMON m'a converti, elle ne m'a pas trouvé dans des dispositions *critiques* semblables à celles où tu étais; toutefois, ma conversion fut immense, mais elle fut successive, progressive; j'étais dans la voie droite, dans la grande route qui menait vers l'avenir, j'ai marché devant moi; j'ai touché, j'ai pris, je me suis assimilé la vie nouvelle; en un mot, la foi de SAINT-SIMON ne fut pas pour moi un coup de foudre, ce fut la lumière.

Pour toi, il n'en a pas été de même, tu nous l'as dit; mais tu n'as pas exprimé cependant assez clairement comment, de DON JUAN que tu étais, tu es devenu SAINT-SIMONIEN, comment tu étais passé très-brusquement de l'IMMORALITÉ la plus complète à la MORALITÉ nouvelle, du républicanisme effréné à une foi POLITIQUE très-HIÉRARCHIQUE, de l'amour de la GUERRE à une TENDRESSE UNIVERSELLE.

Il t'est même échappé plusieurs phrases qui annoncent que tu as mal compris ce qui a été dit par d'EICHTHAL et MICHEL, et par MOI sur la *sensibilité* et le *sacrifice*. Ainsi, tu parais croire que la *sensibilité* de l'avenir serait *sociale ;* elle sera *sociale* ET *individuelle*. Tu as cité deux femmes, dont l'une, exploitée cruellement par son mari, te faisait peine, excitait toutes tes sympathies, parce que sa douleur éveillait en toi le sentiment d'une douleur *générale ;* tandis que l'autre ne te représentait *qu'*une douleur *individuelle ;* or, tu supposais cette seconde femme écrasée par une poutre, et tu ajoutais que tu passerais devant elle sans t'arrêter, sans la relever !

Il est donc évident que les deux faces de la vie ne te sont pas également *sensibles*, que tu ne donnes pas à chacune d'elles sa place *légitime*, que tu *subordonnes* l'une par rapport à l'autre, et ta parole même était de nature à faire penser que tu la *subalternises* totalement, que tu la fais *disparaître*, que tu l'*anéantis*.

Je te le répète, ta conversion n'est pas semblable à la mienne, et la mienne n'a été telle que je viens de la dépeindre, que parce que, sentant avec un égal amour les *deux faces* de la vie, je devais marcher naturellement sans luttes pénibles, vers la FOI qui m'en promettait l'HARMONIE.

En t'exprimant comme tu l'as fait tout à l'heure, il paraît évident que tu ne représentes qu'une forme très-*abstraite* de la vie humaine, et que, par conséquent, il est indispensable au développement *régulier* de ta vie, que tu supportes les charges que le SACERDOCE doit imposer, comme *répression*, aux natures trop *anormales*.

Mais dis-nous comment tu t'expliques à toi-même que l'homme qui sentait en lui la *guerre*, *Satan* et le *bourreau*, et qui avait aussi en lui une nature que les chrétiens auraient nommée *angélique*, car tu as la parole douce, tes formes sont polies, ton approche est délicate; explique-nous, dis-je, comment cette guerre de *deux principes* si contradictoires s'est terminée en toi; comment tu t'es senti complétement converti à notre foi qui consiste dans l'HARMONIE et non dans la LUTTE des *deux principes*, car tu nous as dit encore dans ta PROFESSION DE FOI une chose qui, si elle existe, annoncerait que ta conversion n'est pas entièrement achevée, et qui, rapprochée du tableau que tu nous as fait de ta vie critique, exigerait de ta part les réflexions les plus sérieuses et, de la nôtre, la surveillance la plus attentive.

Ainsi tu nous as dit, comme caractère particulier de ta vie *actuelle*, que tu étais éminemment *logicien*, en ce sens qu'un SENTIMENT étant conçu, il te fallait le *réaliser* de suite, et que, jusque-là, tu n'avais pas un instant de CALME. Tu dois comprendre que si les questions de *temps* n'étaient rien pour toi, que si tu n'avais pas puissance de balancer ta mission *finie* avec les exigences *imparfaites* des êtres *limités* qui t'entourent, enfin que si, sous l'empire d'un aveugle sentiment de *collectisme*, tu voulais porter le niveau de TA volonté sur les *individus*, tu serais loin d'être converti.

Dans toute ta parole d'amour et de tendresse pour TOUS les êtres, il règne même un sentiment de PANTHÉISME *confus* qui est éminemment vicieux; tu ne DISTINGUES plus, tu ne CHOISIS plus, tu ne CLASSES plus, ton monde est un monde d'unités *abstraites*, attirées comme des *points* de l'ESPACE, unies comme les *moments* du TEMPS, mais ce ne sont plus des êtres *distincts*, *divers*, ayant des vertus propres, marchant *inégalement* vers une *semblable* destinée; ce ne sont plus des HOMMES, des êtres VIVANTS.

Fais-nous donc mieux sentir que ta foi est orthodoxe.

Tu me diras également si, comme tu viens de l'exprimer pour toutes les paroles qui sortent de ma bouche, celles que je t'adresse en ce moment sont bien celles que tu attendais de MOI.

Delaporte. — Si vous vous rappelez mes dernières impressions, j'ai dit que je voyais dans votre parole celle qui représentait le mieux l'ensemble des besoins de TOUS, et en même temps la parole la plus avancée suivant MON désir. Ainsi, ce n'est pas toujours dans le moment même que votre parole me paraît être celle que je désirais le mieux entendre, ni dans le moment même que je trouve qu'elle est celle qui convient le mieux à TOUS. Par exemple, ce que vous venez de dire n'exprime pas MON désir, mais exprime votre fonction de PRÊTRE, de GOUVERNANT. Vous venez de me rappeler que VOUS ne deviez pas, comme MOI, suivre sans modération une ligne donnée, mais que VOUS deviez embrasser à la fois toutes les lignes; tandis que MOI, je sens ma destinée à suivre, sans autre frein que la VOTRE, la ligne que je dois suivre, MA ligne. Je ne connais pour mes *actes* aucune puissance qui les commande que mes DÉSIRS; mais il est très-possible que j'empêche mes DÉSIRS de devenir des *actes*, parce que j'ai le sentiment le plus profond que je ne dois pas être *mon propre guide*, et qu'abandonné à *ma propre direction*, je ferais plus de mal que de bien.

Ma vie présente un bizarre mélange de désirs horribles et de désirs extrêmement beaux. Entre VOS mains et celles de mon PÈRE FLACHAT, que j'adopte spécialement pour PÈRE, parce que je trouve en lui cette *énergie* et cette *douceur* qu'il faut pour me diriger, entre vos mains, dis-je, et celles de mon PÈRE FLACHAT, je crois que je pourrai, comme instrument, faire beaucoup de bien. Je serai un levier pour remuer des fardeaux très-pesants. Si vous me laissez aller suivant ma propre impulsion, si vous ne me dites pas : « Tu feras cela, et tu ne feras que cela, tu iras jusque-là, et tu n'iras pas plus loin, très-certainement je ferai plus que vous ne voudriez ; très-certainement j'irais au delà des limites qu'il ne faudrait pas franchir ; car je ne sens pas en MOI de raison pour m'arrêter, je ne m'arrête que lorsqu'on me dit : « halte-là ! »

Je vous l'ai déjà dit, je suis tout à fait à VOTRE disposition ; VOUS ferez de moi ce que VOUS voudrez, ce que vous croirez devoir faire, et partout où vous me direz : « Tu ne dois pas agir sans mon inspiration, » je ne me permettrai pas d'agir ; je ne me permettrai ni un désir, ni une pensée, que vous ne m'y ayez autorisé. Je n'ai pas une FOI absolue dans MA *personnalité*, mais j'ai la foi profonde que VOUS êtes destiné à régulariser toutes les pensées et tous les actes que je ne saurais régulariser moi-même ; parce que j'ai la conviction la plus absolue qu'il y a en VOUS assez de grandeur, d'amour et de sagesse, pour que rien de ce que VOUS me direz de faire ne soit pas ce qui doit être fait ; et aussi parce que je crois qu'il y a en MOI assez de puissance pour juger les actes et les paroles qui me sont commandés ; de sorte que si VOUS me commandiez quelque chose qui, au lieu d'être pour son salut, serait pour sa perte, JE le sentirais, et dès ce moment JE cesserais d'avoir foi en VOUS et de VOUS suivre.

Le PÈRE LAMBERT m'a fait comprendre hier qu'en effet il pourrait être très-malheureux pour moi que je me livrasse sans direction à ce désir continuel d'aller en avant. Dans ce moment, plus qu'en aucun autre, ma foi en VOUS est *raisonnée*; aujourd'hui c'est avec confiance que je VOUS suivrai, que j'irai partout où vous me direz d'aller, et que je m'arrêterai où vous me direz de m'arrêter.

Le PÈRE. — Explique-moi mieux encore ta transformation de *Don Juan* en SAINT-SIMONIEN.

Delaporte. — Je vais le dire, mais j'ajoute encore un mot à ce que je disais tout à l'heure.

Le PÈRE LAMBERT m'a donné la conviction que si au lieu de me retenir, vous cherchiez à m'entraîner, vous auriez cessé de pouvoir me diriger; voilà en quoi j'ai aujourd'hui en VOUS une FOI *raisonnée*.

J'ai dit que j'étais arrivé du *criticisme* le plus absolu à la FOI NOUVELLE; c'est qu'en effet rien n'est plus près du SAINT-SIMONISME que la *critique* pure; car cette *critique* pose en principe la *tolé*-

rance illimitée pour les autres, et le sentiment le plus profond des souffrances que cause le *despotisme*; de sorte que je n'ai pas eu beaucoup de peine à transformer en AMOUR cette *tolérance*, et à me rattacher au POUVOIR dans lequel je voyais le terme des souffrances du PEUPLE. Ainsi partout où je sens aujourd'hui les idées fortes de la puissance, je m'humilie et j'obéis volontiers ; et lorsque j'aperçois des choses qui, autrefois, m'auraient fait souffrir, parceque, contraires à MA *nature*, elles m'auraient paru condamnables, non-seulement je laisse faire, mais j'éprouve le besoin d'aimer celui qui agit ainsi... Mais je sens que je ne réponds pas du tout à votre question. Voici comment je suis devenu SAINT-SIMONIEN.

Je suis arrivé à la *doctrine* avec la pensée d'y trouver des républicains; j'avais fait, dans le temps, un petit écrit dans lequel je réfutais la RELIGION SAINT-SIMONIENNE, que je ne connaissais encore que par un article qui, au mois d'octobre 1830, avait été publié dans la *Revue de Paris*. De sorte qu'aussitôt après que je fus arrivé à PARIS, j'allai rue Monsigny, où l'on faisait alors des enseignements. Ces enseignements me frappèrent; je les suivis ainsi que les prédications ; mais j'arrivais toujours un peu tard, je n'étais pas bien placé, et je n'entendais pas parfaitement bien ; mais le peu que j'entendais, surtout quand c'était le PÈRE BARRAULT qui parlait, m'entraînait sans cependant me convaincre. Et en sortant de ces prédications, je me disais : Ma vie sera là. Je repoussais encore la RELIGION, car j'étais dans un état complet d'athéisme, mais les différentes questions politiques sur la *législation*, *l'éducation*, que j'y voyais traiter, m'offraient le plus grand intérêt ; toutes ces questions ont été pour moi une illumination, et je sentais que c'était là cette vie dont je voulais vivre.

Tout ce que j'avais vu jusque-là était contraire à ce que je trouvais dans la doctrine ! Partout, dans monde, je voyais celui qui voulait marcher et grandir, à chaque pas arrêté, à chaque instant comprimé, tandis qu'au milieu de vous, je concevais l'espoir de toujours m'élever et grandir ; alors je suis venu à vous, et la garantie que je serai toujours à vous, c'est que le SAINT-SIMONISME marche de PROGRÈS en PROGRÈS, et que je suis l'homme du PROGRÈS, non celui de la CHUTE.

LE PÈRE. — Tu es l'homme de l'*impatience*.

Delaporte. — Je suis l'homme du PROGRÈS, non-seulement en ce sens que l'homme, en *général*, est PROGRESSIF, mais parce que je ne reviens jamais sur mes pas.

Le PÈRE. — Mais tu ne calcules pas juste lorsqu'il faut arriver ; tu es tellement pressé d'atteindre le but, que tu te casserais la tête contre les murs si l'on ne modérait pas ton *ardeur* et ton *impatience.*

Tu n'as pas répondu comme je l'aurais désiré, à la question que je t'ai faite, et je vais expliquer ce que j'entends par le résultat capital de ta conversion, c'est-à-dire par quel signe elle doit se manifester à TOI et à TOUS.

Tu étais livré à une *guerre* dont tu souffrais, et pourtant tu ne concevais pas qu'un *conciliateur* devait s'interposer entre les deux *combattants*, qu'un homme, un chef, un PÈRE, devait leur commander la PAIX.

Aujourd'hui tu reconnais que ta nature t'entraîne dans une voie *abstraite ;* tu sens que tu as besoin d'être rappelé sans cesse à une face de la vie que tu aurais tendance à négliger, et que celui-là seul peut t'élever, t'améliorer, t'aimer, qui aime aussi la face de la vie qui t'est étrangère, et qui peut te faire sentir que, dans la face *abstraite* où tu es, tu peux rendre de grands services à l'humanité, pourvu cependant que tu ne restes pas livré à tes propres forces, que tu ne t'abandonnes pas à tes seules inspirations, car elles finiraient par t'entraîner dans de grandes fautes. Le signe distinctif de ta vie aujourd'hui, ce qui lui donne son caractère MORAL, c'est qu'il te faut un PÈRE qui dirige tes actes, tandis qu'au contraire dans le monde, ceux qui ont poussé le plus loin le *criticisme* sont précisément ceux qui se refusent le plus violemment à reconnaître des SUPÉRIEURS.

Tu as dit aussi que LAMBERT t'avait fait comprendre que ce n'était pas par une excitation donnée à ta nature *abstraite* qu'on pourrait la diriger; qu'il fallait au contraire faire peser sur toi la *face contraire*, afin de te retenir dans l'ORDRE. Ici je dois ajouter un mot pour bien constater encore une fois la fonction du PRÊTRE, sa mission MORALISANTE à l'égard des *deux natures*, mission tout à fait différente, dans ses formes, de celle qu'il doit remplir à l'égard des PRÊTRES d'un ordre inférieur. Dans ses relations avec les *deux natures*, le PRÊTRE en effet revêt, pour ainsi dire, la robe du *juge*, ou s'empare de l'instrument de l'*exécuteur;* tandis que dans ses relations avec d'autres PRÊTRES, il est simplement *meilleur* PRÊTRE qu'eux. Cette différence tient à ce que les deux natures mènent, comme nous l'avons souvent dit, au *délire* ou à *l'extase*, tandis que la nature SACERDOTALE ne mène qu'à la PAPAUTÉ, et qu'ainsi il n'y a jamais danger à développer le PRÊTRE selon sa nature, à le conduire dans la voie qu'il aime. Le progrès le plus important à réaliser pour notre famille est donc la classification des TROIS *natures*, non-seulement pour que les deux extrêmes se choquent le moins possible, mais pour que le SACERDOCE jouisse le plus possible de sa vie de PRÊTRE, et ne soit *juge* et *exécuteur* que par exception.

D'EICHTHAL a dit l'autre jour, dans des termes qui chaque jour se perfectionneront, des vérités déjà bien claires pour tous, lorsqu'il vous a parlé de son *égoïsme;* cependant j'ai annoncé que nous reviendrions sur ce qu'il avait dit, parce que les termes dont nous nous servons sont tellement empreints de l'acception qu'on leur donne hors de nous, que nous pouvons, en les employant, soulever contre nous des objections graves et même une animosité très-vive, si nous ne nous exerçons pas à nous en servir avec habileté; ainsi *Delaporte* est allé plus loin encore que d'EICHTHAL sous ce rapport, et il nous a fallu tout notre CALME *apostolique*, pour ne pas l'arrêter quelquefois brusquement, dans des moments où sa parole était de nature à faire frémir tout autre que nous, et nous faisait même éprouver une impression douloureuse.

Certes nous avons fait un progrès véritable, le

jour où un homme a pu dire devant d'autres hommes assemblés (je parle de d'Eichthal) ; « c'est » le sentiment de l'*égoïsme* qui me dirige, je veux » que vous me connaissiez tel que je suis, que vous » me sentiez vivre de ma vie; parce que, lorsque » je pourrai agir *franchement* selon ma nature, » vous tirerez vous-même de moi le plus grand » parti possible ; et d'ailleurs, ne vous *méprenant* » pas sur moi, me *connaissant*, vous me donnerez » souvent votre *reconnaissance* là où vous m'au- » riez prodigué vos mépris. » Il y a un grand PROGRÈS, dis-je, dans cette franchise, et en effet elle a été cause que plusieurs ont dit à d'Eichthal : Maintenant je vous comprends, je vous sens, je vous aime, tandis qu'auparavant je ne savais qui vous étiez.

Nous voulons sanctifier l'*industrie*, et nous sommes nés dans un monde de *science ;* nous voulons affranchir la FEMME, et nous ne sommes que des HOMMES, ne parlant presque qu'à des hommes; enfin nous voulons constituer le saint *orgueil* de l'APOSTOLAT nouveau, en face du vieil APOSTOLAT de l'*humilité;* nous ne serons donc pas plus compris d'abord en mettant au niveau de l'*humilité* la *gloire*, qu'en égalant l'*industrie* à la *science*, la FEMME à l'HOMME; car nous donnons ainsi une place SOCIALE, une consécration RELIGIEUSE à des êtres que la société POLITIQUE ou RELIGIEUSE a jusqu'ici *subalternisés* ou *réprouvés.*

Nous avons donc nous-mêmes de grands efforts à faire, pour nous assimiler ce nouveau sentiment que nous devons communiquer au monde, et surtout pour l'exprimer en des termes qui ne choquent pas d'une manière trop rude, trop brutale, un monde qui *réprouve* en droit sinon en fait, publiquement sinon secrètement, ce que nous venons lui apprendre à *glorifier.*

Faisons en sorte de ne pas être repoussés pour la forme que nous donnons aux sentiments nouveaux que nous voulons enseigner. Ainsi tout à l'heure *Delaporte,* quand tu as parlé des douleurs *individuelles* et des douleurs *sociales,* et que tu les as désignées par l'exemple de deux femmes dont l'une était écrasée, broyée par une poutre, je te le dis encore une fois, tu as exprimé ton sentiment d'une manière qui aurait révolté tout autre auditoire que celui-ci. Si tes phrases sténographiées étaient remises sous tes yeux, tu verrais qu'elles sont d'une brutalité effrayante. Il est bien certain que dans une réunion composée au besoin de natures différentes, en entendant prononcer de pareilles choses, la moitié au moins de l'auditoire serait indignée, l'autre ne pourrait presque s'empêcher d'en rougir tout en les comprenant. Or nous voulons avoir un langage bon pour tous, une langue RELIGIEUSE, et pour cela il faut que nous apportions une réserve très-grande, lorsque nous exprimons un sentiment que nous reconnaissons nous-mêmes appartenir à une nature très *abstraite*, et si nous ne le pouvions pas, ce serait une preuve que nous ne serions pas APÔTRES, car l'APOSTOLAT ne saurait renfermer des hommes qui auraient une nature tellement tranchée qu'ils ne pourraient exprimer, en termes modérés et convenables pour TOUS, leurs PROPRES sentiments; de tels hommes seraient plus près de la monomanie que de l'APOSTOLAT.

Nous avons eu jusqu'ici un langage CHRÉTIEN, avec lequel nous avons réagi contre le monde *critique;* ce n'est pas une raison pour prendre aujourd'hui la langue PAÏENNE dans le but de réagir contre la langue CHRÉTIENNE; nous n'avons plus à surprendre le monde par une parole bizarre, inusitée, extraordinaire; nous devons le conduire à cet état de calme, de modération, de tranquillité si nécessaire pour comprendre ce que nous voulons en POLITIQUE, en MORALE, en RELIGION. Chaque jour notre langue POLITIQUE devient universelle, faisons de même en MORALE ; ne blessons pas plus les *légitimistes*, les *libéraux* et les *juste-milieu* de la MORALE que nous ne blessons ceux de la POLITIQUE; rendons justice à chacun, ne soyons exagérés, exclusifs, absolus pour personne.

Je le répète, si nous ne craignons plus pour nous le retour aux formes CHRÉTIENNES, prenons garde au PAGANISME qui nous donnerait certainement une forme très-repoussante aujourd'hui, surtout en France. Ce n'est pas toujours, d'ailleurs, comme je vous l'ai dit, en parlant aux hommes la langue de leur propre nature qu'on les améliore; et cela est vrai surtout aujourd'hui, quand il s'agit de la réhabilitation de la CHAIR. Le fait est que les êtres qui appartiennent à la nature PAÏENNE, mais qui pourtant ne sont pas assez prononcés dans cette voie abstraite pour être incapables d'embrasser notre APOSTOLAT, le fait est, dis-je, qu'en général ces êtres croient, par suite des habitudes CHRÉTIENNES, que ce qui fait vraiment leur force est un obstacle, et que leur développement CHARNEL est une cause de chute pour eux. Ils le croient, et dans le monde tel qu'il est ce n'est pas une erreur. Ces personnes seraient donc en défiance contre l'homme qui, leur parlant MORALE et RELIGION, leur paraîtrait sanctifier grossièrement ce que leurs habitudes MORALES leur font presque mépriser en eux-mêmes. Il y a tel homme qui parlant aux femmes de leur beauté, de leurs charmes, leur ferait presque désirer d'être laides.

En MORALE comme en POLITIQUE, nous avons une *bourgeoisie* entre deux partis extrêmes de *légitimistes* et de *républicains*. Rappelez-vous que c'est du jour où nous avons conçu la justification de la *bourgeoisie*, que notre langage POLITIQUE a pris le ton CONCILIATEUR, le caractère PACIFIQUE qui se développe chaque jour davantage, et qui convient à ses APOTRES. Faisons de même dans l'ordre MORAL, occupons-nous de la langue et des formes qui ne sauraient effrayer surtout les êtres *mixtes*, ces êtres qui, en MORALE, sont en apparence *légitimistes* et au fond *républicains*, ou qui au contraire prêchent la *liberté*, et agissent en *despotes*. Je veux dire les individus qui, par un respect humain éminemment sociable aujourd'hui, n'ont pas d'autre principe en MORALE que celui-ci : ORDRE PUBLIC ; et qui par amour de la paix repoussent le *despotisme* de la vieille MORALE et redoutent surtout le scandale de l'*anarchie*.

Quant à toi, *Delaporte*, tu devras en effet t'occuper particulièrement des personnes qui, cherchant un monde nouveau, seraient pourtant disposées par nature à repousser nos théories ; c'est-à-dire de celles qui auront besoin de recevoir un choc violent qui ébranle toutes leurs habitudes morales. Ces relations *individuelles* avec des natures prononcées, très-différentes de la tienne, te conviendront mieux que ta fonction auprès des OUVRIERS ; tu cesseras celle-ci immédiatement. FLACHAT te fera remplacer. Tu seras un homme précieux lorsqu'il sera religieusement nécessaire, pour donner la lumière et la vie, de faire une opération douloureuse; espérons que ces laborieux enfantements seront rares.

FIN DU SECOND VOLUME
DES ŒUVRES D'ENFANTIN

Imprimerie L. TOINON et Ce, à Saint-Germain.

www.ingramcontent.com/pod-product-compliance
Ingram Content Group UK Ltd.
Pitfield, Milton Keynes, MK11 3LW, UK
UKHW020113200726
13856UKWH00002B/526